U0955824

企业经营管理
商业沙盘模拟实训教程

主　编◎雷　英　段明月
副主编◎邱　洁　高　静　段宇琦　王　磊

西南财经大学出版社
Southwestern University of Finance & Economics Press
中国·成都

图书在版编目(CIP)数据

企业经营管理商业沙盘模拟实训教程/雷英,段明月主编;邱洁等副主编.—成都:西南财经大学出版社,2022.9
ISBN 978-7-5504-5550-4

Ⅰ.①企… Ⅱ.①雷…②段…③邱… Ⅲ.①企业经营管理—计算机管理系统—教材 Ⅳ.①F272.7

中国版本图书馆 CIP 数据核字(2022)第 175938 号

企业经营管理商业沙盘模拟实训教程
QIYE JINGYING GUANLI SHANGYE SHAPAN MONI SHIXUN JIAOCHENG
雷英　段明月　主编
邱洁　高静　段宇琦　王磊　副主编

责任编辑:向小英
责任校对:周晓琬
封面设计:张姗姗
责任印制:朱曼丽

出版发行	西南财经大学出版社(四川省成都市光华村街 55 号)
网　　址	http://cbs.swufe.edu.cn
电子邮件	bookcj@swufe.edu.cn
邮政编码	610074
电　　话	028-87353785
照　　排	四川胜翔数码印务设计有限公司
印　　刷	郫县犀浦印刷厂
成品尺寸	185mm×260mm
印　　张	9.75
字　　数	234 千字
版　　次	2022 年 9 月第 1 版
印　　次	2022 年 9 月第 1 次印刷
印　　数	1— 3000 册
书　　号	ISBN 978-7-5504-5550-4
定　　价	35.00 元

前言

商业沙盘自1978年被瑞典皇家工学院的克拉斯·梅兰（Klas Mellan）开发出来之后，企业经营管理商业沙盘模拟演练迅速风靡全球。企业经营管理商业沙盘的实践教学已经成为高职高专实践教学的主要环节。利用先进的信息技术来改革和创新教学方法和教学内容，加强实践教学环节，提高学生的动手实践能力，已经成为培养创新创业型人才的重要途径。各个院校都在积极开展ERP沙盘模拟教学，希望通过模拟企业运营，使学生将学到的理论知识更好地用于工作实践，让学生能较好地理解企业的运营模式、运营规则等，提高学生解决实际问题的能力，增加就业砝码。

企业经营管理商业沙盘模拟实训教程就是在教学过程中模拟一个虚拟的商业企业运营的主要过程，即将该企业运营的关键环节（战略规划、产品研发、市场营销、电子商务、物流管理、财务管理、人力资源管理等）引入沙盘实践中，以体验式教学为出发点，学生通过对该企业七年的模拟经营，了解商业企业经营的主要环节，参悟科学管理规律，提升商业运营技能，激发学生学习的兴趣和提升自我管理的能力。

本教程具有以下特点：遵循“工学结合”的指导思想，引导学生实战参与商业企业经营过程，激发学生动手实践的兴趣；加深学生对商业企业经营主要过程的了解；培养学生建立企业经营的全局观；提高学生的团队精神，增强学生的分工协作的意识，注重学生的操作性练习。本教程充分体现了高职教育的应用型、技能型人才培养要求，通过项目教学、任务实践和技能锻炼等方式，提高大学生的职业技能和职业素养。

本教程主要由云南轻纺职业学院的教师编写，共分为12个项目，具体分工如下：雷英编写项目一、项目五；段明月编写项目二；邱洁、王磊编写项目三；段明月、高静编写项目四；金蝶软件（中国）有限公司提供项目六、项目七、项目八、项目九、项目十、项目十一、项目十二部分的图表，雷英整理与编写。

另外，特别感谢云南轻纺职业学院毛一波书记、尹海川校长，他们设计了本书的总体编写思路，并给予每位编写成员大力支持。

由于编者经验不足，书中难免有疏漏，我们诚恳地希望读者指出教程中存在的缺点和不足，并提出宝贵的意见和建议。

编者

2022年9月

目录

项目一 企业经营管理商业沙盘模拟实训概述

■知识目标

1. 了解沙盘的基础知识，理解沙盘的分类。
2. 理解 ERP 商业沙盘的发展历程。
3. 掌握 ERP 商业沙盘模拟对学生实训和实践以及将来从事经济贸易活动的重要性。
4. 掌握企业经营管理商业沙盘模拟实训的内容、方法。

■能力目标

1. 培养学生运用理论知识进行实践实训的意识。
2. 在日常的工作的学习中，学生能熟练地将理论知识运用到工作实践中，发挥团队协作能力，培养工匠精神。

企业经营管理商业沙盘模拟是将商业企业完整的经营流程形象地展现在沙盘上，根据企业的经营原理，独立地对沙盘道具进行调配，以模拟企业的经营管理活动，并对企业的经营效果进行评价。

任务一　沙盘的起源

沙盘在古代是统治者的将帅指挥战争的用具。沙盘模型是根据地形图或实际地形，按一定的比例用泥沙、兵棋等各种材料堆制而成的模型。在军事上，常供指挥人员研究地形、敌情、作战方案，组织协调动作和实施训练时使用。

沙盘在我国有悠久的历史。据说，秦在部署灭六国时，秦始皇亲自堆制沙盘，研究各国地理形势，并在李斯的辅佐下，派大将王翦进行统一战争。后来，秦始皇在修建陵墓时，又堆了一个大型的地形沙盘。沙盘中不仅砌有高山、丘陵、城池等，而且还用水银模拟江河、大海，用机械装置使水银流动循环。可以说，这些可能是最早的沙盘雏形，距今已有2 200多年历史。

据《后汉书·马援列传》记载，公元32年，汉光武帝征讨陇西的隗嚣，召名将马援商讨进军战略。马援对陇西一带的地理情况很熟悉，就用米堆成一个与实地地形相似的模型，从战术上做了详尽的分析。汉光武帝刘秀看后，高兴地说："敌人尽在我的眼中了！"这就是沙盘作业。

如今，在军事题材的电影、电视作品中，我们常常看到指挥员们站在一个地形模型前研究作战方案。这种根据地形图、航空照片或实际地形，按一定的比例关系，用泥沙、兵棋和其他材料堆制的模型就是沙盘。沙盘具有立体感强、形象直观、制作简便、经济实用等特点。沙盘的用途非常广泛，能形象地显示作战地区的地形，表示敌我阵地组成、兵力部署和兵器配置等情况。军事指挥员常据以研究地形、敌情、作战方案，组织协同动作，实施战术演练，研究战例和总结作战经验等。沙盘还常被用来制作经济发展规划和大型工程建设模型，其形象直观，颇受决策者和工程技术人员的青睐。

沙盘也可以用沙土等材料按一定比例做成立体模型，用于研究作战区域的地形、地貌、敌我双方兵力布置等情况，有利于直观地研究作战方案。沙盘也可用于军队训练与演习中的模拟推演，它运用独特直观的沙土教具，融入战场可能的变数，再结合敌我角色扮演、战场情景模拟、领导的点评，使参训人员在虚拟的战争环境中，全真体会战争过程。通常在一个大型平台上用沙土等材料模拟战场的地形，用不同颜色（敌我各用一种颜色）小旗帜或者小模型（士兵或战车飞机模型）代表这个战场上的军队，并根据实际情况放在沙土地面的相应位置，主要被用于指挥官对战场形势的分析与部署以及军事推演。

在现代医学上，沙盘也被广泛应用于发现并解决心理方面的问题，在心理医生的指导下，患者或被检测者随自己的意愿设置沙盘内的情景，由心理医生根据患者摆放的情景或样子来判断某些患者的心理疾病。

任务二　沙盘的分类

按照不同的分类标准，可以将沙盘分成不同的类型。

一、按照沙盘的制作材料分类

按照沙盘的制作材料可以分为：

（一）木制模型

我们使用的木材一般都是经过二次加工后的原木材和人造板材。人造板材常有胶合板、刨花板、细木工板、中密度纤维板等。家具模型常用木头制作。我们可以运用这种人造板材来制作木制模型。

（二）金属模型

金属模型以钢铁材料应用最多，如各种规格的钢铁、管材、板材，有时也少量地用一些铝合金等其他金属材料。金属模型沙盘的制作，主要考虑力学性能和成本等方面的因素。力学性能主要从金属材料的强度、弹性以及抗冲击、拉伸能力等方面来考虑。金属模型加工工艺主要有切削、焊接、铸造、锻造等。因实验室加工条件有限，所以金属模型沙盘较少见。

（三）塑料模型

塑料是一种常用的制作模型的新材料。塑料品种很多，制作模型应用最多的是热塑性塑料，主要有聚氯乙烯（PVC）、聚苯乙烯、ABS工程塑料、有机玻璃板材、泡沫塑料板材等。聚氯乙烯耐热性低，可用压塑成型、吹塑成型、压铸成型等多种成型方法。ABS工程塑料的熔点低，用电烤箱、电炉等加热，很容易使其软化，可热压、连接多种复杂的形体。有机玻璃具有适光性好、质量轻、强度高、色彩鲜艳、加工方便等特点，成型后易于保存。

（四）综合模型

沙盘模型制作所选用的材料，有时不单单是一种材料，也可能是由两种或两种以上的材料经过综合加工制作而成的。但是，加工过程中通常以一种材料为主料，其他只是局部使用。这样制作的模型，整体感较好，后期的装饰处理也方便。如一个石膏雕刻的电话机，上面的显示屏窗口就要用一些透明的有机玻璃，可在反面剪贴一些画面，达到逼真的效果；还有按键，可以选用一些有机玻璃圆棒材，然后通过截面切割出大小、厚薄一样的按键，制作出来的效果很好。还有一些其他材料，如玻璃钢、泡沫等。

二、按照沙盘的使用途径分类

按照沙盘的使用途径，可分为：

（一）地形沙盘

地形沙盘是以微缩实体的方式来表示地形地貌特征，并在模型中体现山体、水体、道路等，主要表现的是地形数据，使人们能从微观的角度来了解宏观的事物。地形沙盘的应用范围极其广泛，运用的主要行业有：交通、水利、电力、国土资源、旅游、军事等。

（二）建筑沙盘

建筑沙盘是以微缩实体的方式来表示建筑体的，无论是单体的造型，还是群体的组合，都如实地表达建筑师的建筑思想，将建筑师的意图转化成具体的形象。

（三）电子沙盘

电子沙盘通过真实的三维地理信息数据，利用先进的地理信息技术，能实时动态地查找每一个点的地理信息，如三维坐标、高度、坡度、河流、道路及各种人工工程与设施、远景规划等信息；并能通过先进的三维仿真功能实时地在电脑上进行三维单点飞行、路径飞行、绕点飞行、工程设施查询、经济效益分析以及其他各种智能分析等。电子沙盘适用于移动通信基站的选址和大范围的水利设施的规划与建设等与地理地形关系密切的活动。

（四）三维互动虚拟楼盘——放在电脑里的建筑模型

三维互动虚拟楼盘是能升级和替代建筑模型和样板房的楼盘预售工具，它利用房地产开发商提供的设计图纸和材质数据将拟建楼盘1∶1精确地仿真在电脑上，通过超大场景和局部渲染，营造震撼的视听效果，提升现场销售的业绩。顾客可在售楼部或网站上进入虚拟楼盘，如同玩游戏一样在虚拟楼盘中前后左右上下走动并可进入中意的房间查看装修效果，还能了解周边环境、交通情况、开发公司的实力、按揭的计算等。系统可自动生成三维动画片用于售楼部播放和作电视广告。

（五）多媒体沙盘

多媒体沙盘可以立体化地展现各级政府或部门所属区域内的山水及地形地貌，以多种形式体现各级政府所属部门及各种指挥要素。它采用计算机多媒体控制技术，使声（解说）、光、像、字幕同步显示或异步显示。它既可遥控、手控、感应式控制，也可以多媒体控制；既可数码显示、单点显示、组合显示、动态显示，还能仅用一根电话线就可实现远程视频监控显示。多媒体沙盘具有操作灵活、简单，便于维护和修改等特点。

1. 数字沙盘简介

数字沙盘是在传统的沙盘模型上，增加了多媒体展示、互动功能；通过声、光、电、图像、三维动画以及计算机程控技术与实体模型相融合，可以充分体现区位特点，达到一种惟妙惟肖、变化多姿的动态视觉效果。对参观者来说是一种全新的体验，并能产生强烈的共鸣。此外，数字沙盘参观者还可以有目的性地选择观看，直接参与整个展示的互动。

2. 数字沙盘设备组成

数字沙盘设备由多媒体演示系统、灯光控制系统（同步控制模型上的灯光状态）、触摸屏一体机等组成。

3. 数字沙盘与传统沙盘的区别

数字沙盘与传统沙盘可进行无缝结合，结合后表现效果更为优美、逼真，具有更强的动态性、交互性和可延展性。数字沙盘由个性化三维数字内容、特殊材质沙盘模型、中央控制设备及软件、影视后期特效、大屏幕显示设备构成。演示上，数字沙盘可自动演示、单独控制。数字沙盘应用领域覆盖房地产、交通、地下管线、城市管理、军事指挥、旅游等近 20 个行业，并不断融合新的技术、新的创意，从而具有更多的功能，适合更多的应用领域，在数字沙盘技术控制上，模型行业人士长期专注于各种操作控制模式的研究，已经形成了一整套完善的解决方案，适用于各种演示模式的操控。

任务三　ERP 商业沙盘的发展历程

ERP 商业沙盘是从 20 世纪 50 年代由军事沙盘推演演化而成的。自从 1978 年被瑞典皇家工学院的 Klas Mellan 开发出来之后，ERP 沙盘模拟演练迅速风靡全球。现在国际上许多知名的商学院（如哈佛商学院、瑞典皇家工学院等）和一些管理咨询机构都在用 ERP 沙盘模拟演练，对职业经理人、MBA、经济管理类学生进行培训，以期提高他们在实际经营环境中决策和运作的能力。同时，沙盘模拟也成为世界 500 强企业广泛采用的一种经理人培训方法。

20 世纪 80 年代初期，该课程被引入我国，率先在企业的中高层管理者培训中使用并快速发展。21 世纪初，金蝶、用友等软件公司相继开发出了 ERP 沙盘模拟演练的教学版，并将它推广到高等院校的实验教学过程中。现在，越来越多的高等院校为学生开设了“ERP 沙盘模拟”课程，并且都取得了很好的效果。

管理大师德鲁克说：“管理是一种实践，其本质不在于知而在于行；其验证不在于逻辑，而在于成果，其唯一权威就是成就。”可见管理教学实践的重要性。ERP 沙盘将企业合理简化，同时反映了经营本质，让学员在这个模型上进行实际演练，为管理实践教学提供了良好的手段。

目前，沙盘模拟已风靡全球，成为世界 500 强企业中高层管理人员经营管理能力培训的首选课程。北京大学、清华大学、浙江大学、中国人民大学等众多高等院校也将系列沙盘模拟课程纳入其 MBA、EMBA 及中高层经理在职培训的教学之中。众多本科院校、高职院校也陆续引进沙盘模拟课程以供管理课程教学使用。各软件开发公司也为沙盘模拟的应用和推广做着自己的努力。2005—2022 年，金蝶软件、用友软件连续举办了多届全国大学生 ERP 沙盘对抗赛。参与比赛的大学生越来越多，比赛的规模也越来越大。

任务四　ERP 商业沙盘简介

一、ERP 商业沙盘模拟

ERP（Enterprise Resource Planning）是企业资源计划的简称。企业资源从内部而言包括了厂房、设备、物料、资金、人员，从外部而言包括企业上下游的供应商和客户等。企业资源计划的实质就是如何在资源有限的情况下，合理组织企业的生产，力求实现利润最大，成本最低。可以说，企业的生产经营过程也就是对企业资源的管理过程。

“ERP 商业沙盘模拟”作为企业经营管理模拟实训环节，将以某个企业为模拟对象，模拟该企业运营的关键环节：战略规划、资金筹集、市场营销、产品研发、生产组织、物资采购、设备投资与改造、财务核算与管理、人力资源管理等。在模拟过程中，“ERP 商业沙盘模拟”把企业运营所处的内外部环境抽象为一系列的规则，由学员组成 6 个相互竞争的模拟企业，通过模拟企业 5 年的经营过程，使学员在分析市场、制订战略、营销策划、组织生产、物流管理、财务管理等一系列活动中，了解企业的管理规律，提升企业管理的能力，同时也对企业的管理过程有一个实际的体验。

二、ERP 商业沙盘模拟的重要性分析

沙盘模拟作为一种体验式的教学方式，是继传统教学及案例教学之后的一种教学创新。借助 ERP 商业沙盘模拟，可以强化学员的管理知识、提高学员的管理技能和综合素质。沙盘模拟教学融理论与实践于一体、集角色扮演与岗位体验于一身，可以使学员在参与、体验中完成从知识到技能的转化。

（一）多方位拓展知识体系

ERP 商业沙盘模拟通过对企业经营管理的全方位展现，通过模拟体验，可以使学员在以下几方面获益：

1. 战略管理

成功的企业一定有着明确的企业战略，包括产品战略、市场战略、竞争战略及资金运用战略等。从最初的战略制订到最后的战略目标达成，经过几年的模拟，经历迷茫、挫折、探索，学员将学会用战略的眼光看待企业的业务和经营，保证业务与战略的一致，在未来的工作中更多地获取战略性成功而非机会性成功。

2. 营销管理

市场营销就是企业不断满足客户需求的过程。企业的所有行为、所有资源，无非是要满足客户的需求。模拟企业几年中的市场竞争对抗后，学员将学会分析市场、关注竞争对手、把握消费者需求、制订营销战略、目标市场定位、目标市场选择、制订有效的销售计划，最终达成企业战略目标。

3. 物流管理

ERP 商业沙盘模拟把企业的采购管理、运输管理统一纳入物流管理领域，而产品选择、物资采购、运输管理等问题背后的一系列决策问题就自然地呈现在学员面前，它跨越了专业分隔、部门壁垒。学员将充分运用所学知识，积极思考，在不断的成功与失败中获取新知，从而使学生更好地了解产品的采购、运输等物流环节。

4. 财务管理

在 ERP 商业沙盘模拟过程中，团队成员将清晰掌握损益表、资产负债表、利润表的结构；掌握资本流转影响损益的情况；解读企业经营的全局；预估长短期资金需求，以最佳方式筹资，控制融资成本，提高资金使用效率；理解现金流对企业经营的影响。

5. 人力资源管理

从岗位分工、职位定义、沟通协作、工作流程到绩效考评，ERP 商业沙盘模拟中每个团队经过初期组建、短暂磨合，逐渐形成团队默契，完全进入协作状态。在这个过程中，各自为战导致的效率低下，无效沟通引起的争论不休，职责不清导致的秩序混乱等情况，可以使学员深刻地理解局部最优不等于总体最优的道理，学会换位思考，明白只有在组织的全体成员有着共同愿景、朝着共同的绩效目标、遵守相应的工作规范、彼此信任和支持的氛围下，企业才能取得成功。

6. 基于信息管理的思维方式

通过 ERP 商业沙盘模拟，使学员真切地体会到构建企业信息系统的紧迫性。企业信息系统如同飞行器上的仪表盘，能够时刻跟踪企业运行状况，对企业业务运行过程进行控制和监督，及时为企业管理者提供丰富的可用信息。通过沙盘信息化体验，学员可以感受到企业信息化的实施过程及关键点，从而合理规划企业信息管理系统，为企业信息化做好观念和能力上的铺垫。

（二）全面提高学员综合素质

除了上述功能，ERP 商业沙盘模拟作为企业经营管理仿真教学系统还可以用于综合素质训练，使学员在以下方面获益：

1. 共赢理念

市场竞争是激烈的，也是不可避免的，但竞争并不意味着你死我活。寻求与合作伙伴之间的双赢、共赢才是企业发展的长久之道。这就要求企业知彼知己，在市场分析、竞争对手分析上做足文章。在竞争中寻求合作，企业才会有无限的发展机遇。

2. 全局观念与团队合作

通过 ERP 商业沙盘模拟对抗课程的学习，学员可以深刻地体会到团队协作精神的重要性。在企业运营这一艘大船上，CEO 是舵手、CFO 保驾护航、营销总监冲锋陷阵……在这里，每一个角色都要以企业总体最优为出发点，各司其责，相互协作，才能赢得竞争，实现目标。

3. 诚信

诚信是一个企业的立足之本，发展之本。诚信原则在 ERP 商业沙盘模拟课程中体现为对“游戏规则”的遵守，如市场竞争规则、产能计算规则、生产设备购置以及转产等具体业务的处理。保持诚信是学员立足社会、发展自我的基本素质。

4. 个性与职业定位

每个个体因为拥有不同的个性而存在，这种个性在 ERP 商业沙盘模拟对抗中会显露无遗。在分组对抗中，有的小组轰轰烈烈，有的小组稳扎稳打，还有的小组则不知所措。虽然，个性特点与胜任角色有一定的关联度，但在现实生活中，很多人并不是因为“爱一行”才“干一行”的，更多的情况是需要大家“干一行”就“爱一行”。

5. 感悟人生

在市场的残酷与企业经营风险面前，是“轻言放弃”还是“坚持到底”，这不仅是一个企业可能面临的问题，更是在人生中需要不断抉择的问题，经营自己的人生与经营一个企业具有一定的相通性。

（三）实现从感性到理性的飞跃

在 ERP 商业沙盘模拟中，学员经历了一个从理论到实践再到理论的过程，把自己亲身经历转化为全面的理论模型。学员借助 ERP 商业沙盘推演自己的企业经营管理思路，每一次基于现场的案例分析及基于数据分析的企业诊断，都会使学员受益匪浅，使学员提高商业决策敏感度，提升决策能力及长期规划能力。

三、EPR 商业沙盘模拟的主要内容

（一）沙盘教具

ERP 商业沙盘模拟教学以一套沙盘教具为载体。沙盘教具主要包括：沙盘盘面六张（代表六个相互竞争的商业模拟企业）、资金（单位为百万元）等。

（二）ERP 商业沙盘课程设计

商业沙盘模拟教学环节可以分为六个阶段。

1. 组织准备工作

组织准备工作是 ERP 商业沙盘模拟的首要环节。主要内容包括三项：首先是学员分组，每组一般为 5~6 人，这样全部学员就组成了六个相互竞争的模拟企业，然后进行每个角色的职能定位，明确企业组织内每个角色的岗位责任，一般分为 CEO、营销总监、运营总监、采购总监、财务总监等主要角色。当人数较多时，还可以适当增加商业间谍、财务助理等辅助角色。在几年的经营过程中，可以进行角色互换，从而体验角色转换后考虑问题的出发点的相应变化，也就是学会换位思考。特别需要提醒的是：诚信和亲历亲为。诚信是企业的生命，是企业生存之本。在企业经营模拟过程中，不要怕犯错误，学习的目的就是发现问题，努力寻求解决问题的方法。在学习过程中，谁犯的错误越多，谁的收获也就越大。

2. 基本情况描述

对企业经营者来说，接手一家企业时，需要对企业有一个基本的了解，包括股东期望、企业目前的财务状况、市场占有率、产品、生产设施、盈利能力等。基本情况描述以企业起始年的两张主要财务报表（资产负债表和损益表）为基本索引，逐项描述了企业目前的财务状况和经营成果，并对其他相关方面进行补充说明。

3. 市场规则与企业运营规则

企业在一个开放的市场环境中生存，企业之间的竞争需要遵循一定的规则。

4. 初始状态

ERP 商业沙盘模拟不是从创建企业开始，而是接手一个已经运营了初始年的企业。虽然已经从基本情况描述中获得了企业运营的基本信息，但还需要把这些枯燥的数字活生生地再现到沙盘盘面上，为下一步的企业运营做好铺垫。通过初始状态设定，可以使学员深刻地感觉到财务数据与企业业务的直接相关性，理解到财务数据是对企业运营情况的一种总结提炼，为今后“透过财务看经营”做好观念上的准备。

5. 企业经营竞争模拟

企业经营竞争模拟是 ERP 商业沙盘模拟的主体部分，按企业经营年度展开。经营伊始，通过竞争获取订单。每一个企业在获得订单的基础上讨论企业战略和业务策略，在 CEO 的领导下按一定程序开展经营，对所有重要事项做出决策，决策的结果会从企业经营结果中得到直接体现。

6. 现场案例解析

现场案例解析是 ERP 商业沙盘模拟课程的精华所在。每一年经营下来，企业管理者都要对企业的经营结果进行分析，深刻反思成功在哪里，失败在哪里，竞争对手情况如何，是否需要对企业战略进行调整，结合课堂整体情况，找出大家普遍困惑的情况，对现场出现的典型案例进行深层剖析。用数字说话，可以让学员感悟管理知识与管理实践之间的距离。

【课后思考】

1. 什么是沙盘？沙盘的起源是什么？
2. 按沙盘的材料，沙盘怎么划分？按沙盘的使用途径，沙盘怎么划分？
3. 什么是 ERP 商业沙盘？
4. ERP 商业沙盘的发展历程是什么？
5. 简述 ERP 商业沙盘模拟的重要性。
6. ERP 商业沙盘对学生实训和学生就业有什么帮助？

项目二

企业经营管理商业沙盘模拟实训设计

■知识目标

1. 理解一家公司的组织结构设计的影响因素。
2. 理解各种组织结构的形式。
3. 掌握配备岗位人员的工作内容。
4. 掌握公司发展的战略及策略内容。
5. 理解 ERP 商业沙盘的盘面内容。

■能力目标

1. 培养学生设计组织结构的能力。
2. 培养学生配备岗位人员的能力。
3. 让学生具备团队意识，运用团队的力量实现组织目标的能力。

任务一　虚拟公司团队组建及角色分工

一、公司背景介绍

本实训设定的虚拟公司背景如下：

（一）公司性质：中小型商业贸易公司。

（二）公司地点：总部设在东部地区。

（三）经营范围：代理国内外四款商品的销售。这四款商品分别为 Beryl（低端）、Crystal（中低端）、Ruby（中高端）、Sapphire（高端）。

销售渠道：目前在东部自建一家中高端专卖店（门店）销售 Crystle 商品。

配送渠道：目前在东部自建一个物流配送中心（仓库）。

经营状况：良好。

二、市场环境介绍

本实训设定的市场环境如下：整个市场分为东部、南部、西部、北部四个区域。其中，东部市场已经成功开拓，并自建一家专卖店进行 Beryl（低端）商品的销售。另外三个区域的市场还属于空白，等待经营团队开拓。

要想进入南部、西部和北部市场，必须首先进行销售渠道的建设，其中南部的建设周期为 1 年，即必须在建设销售渠道后的第二年才能开展销售。西部的建设周期为 2 年，即必须在建设销售渠道后的第三年才能开展销售。北部的建设周期为 3 年，即必须在建设销售渠道后的第三年度才能开展销售。渠道建设的规则将在项目三介绍。具体市场趋势如图 2.1 所示。

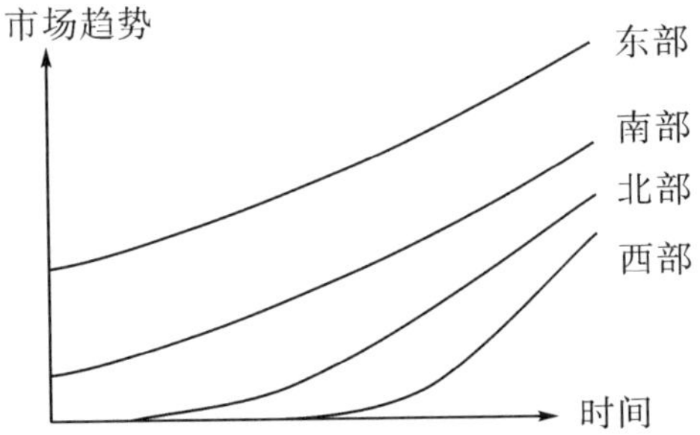

图 2.1　东、南、西、北四个区域市场趋势

三、组建虚拟公司团队

本实训课程是以小组竞赛的方式进行的，因此，为了增加实验的实战性和挑战性，各个小组要成立一个虚拟公司，以模拟公司经营的方式来完成实训。

组建虚拟公司团队包含以下内容：

（一）制定公司名称。例如："鑫多多电子商务有限公司"。

（二）制定公司目标。例如："立志使鑫多多电子商务有限公司成为全国知名的电商企业"。

（三）建立公司口号。例如："鑫多多，鑫多多，永争第一"。

四、公司团队成员分工

公司经营团队成员一共包含五种角色：总经理（CEO）、财务总监（CFO）、营销总监（COO）、采购总监（CPO）、门店经理（SM）。其中财务总监和门店经理的盘面工作量比较大，如果小组的成员超过 5 个，可以配备多个门店经理，或者为财务总监配备助理。各成员的分工如下：

（一）总经理（CEO）

总经理负责公司发展目标和经营战略的制定；负责公司经营团队的管理和职务的安排；负责当经营决策出现分歧时做出最终决策。

在模拟经营过程中，总经理（CEO）的一个重要工作是，经营团队必须在 CEO 的统一控制之下进行每一步骤的操作，也就是说，没有 CEO 的指令，经营团队的任何成员都不能擅自去操作盘面，这是避免操作错误的关键点，也是对 CEO 扮演者的管理能力、控制能力和协调能力的一个极大的锻炼。

（二）财务总监（CFO）

财务总监负责公司资金调度计划安排、新市场的投资建议以及集团公司财务报表的编制。具体到盘面操作上，由财务总监负责操作沙盘财务区域的筹码移动，助理负责登记操作流程记录。每年年末，CFO 还要编制本年度公司总部的财务报表。由于 CFO 工作量比较大，建议另外配置一名 CFO 助理，一个负责盘面操作（实务），一个负责流程的记录（账务），这样就能有效避免错误，提高操作速度。CFO 的工作任务对角色扮演者的财务管理能力、资金运作能力、财务报表的编制能力等方面有非常大的锻炼作用。

（三）营销总监（COO）

营销总监负责公司的市场情报收集和分析，并制定营销方案和销售计划。它包括开拓新的区域市场、代理新商品的销售、建设新门店等。具体到盘面操作上，由营销总监负责操作沙盘营销区域的筹码移动。

营销总监最重要的任务是，在 CEO 的指导下，每年年初制订全年的广告投放计划并参与销售订单的竞标工作。可以说，这项任务执行得好坏，会直接影响公司全年业绩的好坏。COO 的工作任务对角色扮演者的市场预测和决策能力、情报分析能力、市场开拓能力等方面有非常大的锻炼作用。

（四）采购总监（CPO）

采购总监负责公司所有商品的订单签署、集中采购、运输工具的选择、运输批次决策等任务。具体到盘面操作，由采购总监负责沙盘盘面采购区的筹码移动。

采购总监一个很重要的任务是，必须对本年度甚至下一年度的销售订单数仓库库存数量、资金情况等有一个宏观的掌握和预测，并在此基础上合理制定采购数量，合理选择运输工具和运输批次，这是降低运营成本、提高公司利润的重要环节。CPO 的工作任务对角色扮演者的全局意识、成本意识、进销存的管理能力等方面有非常大的锻炼作用。

（五）门店经理（SM）

门店经理负责各个区域专卖店、代理商、大卖场以及 e 门店四种门店的经营和管理。它包括申请配货、销售订单的履行、货款的收取、应收账款的冲销、本门店财务报表的编制等。具体到盘面的操作上，由门店经理负责沙盘盘面门店区域的筹码移动。

当公司经营进入后期，门店数量会很多，门店经理的工作量也会很大，因此建议多配置几个门店经理，由专人负责某个区域的门店经营。比如东部区域配置一个门店经理，专门负责东部门店的经营；南部区域配置一个门店经理，专门负责南部门店的经营，以此类推。门店经理的工作任务对角色扮演者的一线经营能力有着很大的提高，同时，它对进销存流程的掌握、物流配送的全局意识、仓储环节的合理调度和利用能力、财务账款的理解和处理能力等方面也有非常大的锻炼作用。各角色的岗位职责和盘面操作任务见表 2.1 所示：

表 2.1 虚拟公司经营团队成员分工、岗位职责及盘面任务

角色	岗位职责	盘面操作任务
总经理（CEO）	战略决策、团队管理、经营管理	盘面操作流程控制
财务总监（CFO）	资金运作、投资建议、报表合并	财务决策、总部报表的编制
营销总监（COO）	市场开拓、销售、情报分析	新市场开拓、广告投放、销售订单竞标
采购总监（CPO）	集中采购、运输、配送及记录	采购、运输、配送决策
门店经理（SM）	专卖店、代理店、大卖场、e门店的管理、资金、应收、应付账款管理	订单记录、销售交货、门店资金、财务管理、库存管理、配送管理、门店报表的编制

任务二 制定公司发展战略

公司成立后，经营团队需要思考并解决的第一个问题就是如何制定公司发展的战略。可以说，不同的发展战略决定了不同的运营模式，也在很大程度上决定了公司经营业绩的成绩排名。影响公司战略的因素有很多，其中最重要的是公司的目标（愿景）和核心价值观。在战略规划的过程中，公司愿景始终指引着战略制定的方向和要求，而核心价值观引导着战略的思考方式以及执行策略。

影响战略制定的另一个因素是外部环境。这个外部环境，包括了宏观环境和行业环境。宏观环境主要是看区域的经济状况以及每一经济周期的经济状况。其可以借鉴企业战略制定中的P（政治法律环境）、E（经济环境）、S（社会文化环境）、T（科技环境）模型来进行分析。行业环境则可以借鉴波特的五力模型，它包括了供应商、客户、竞争者、替代品以及潜在竞争者五种力量的竞争。

两种环境分析对企业战略制定的影响为：行业环境影响最直接，其次就是宏观环境。企业总体环境如图 2.2 所示。

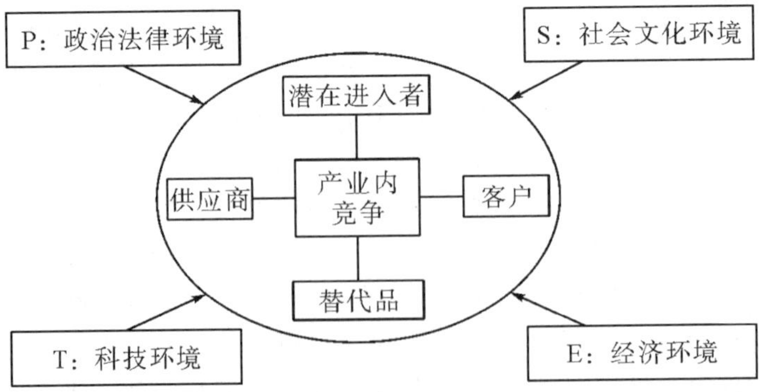

图 2.2 企业总体环境

一、公司战略制定的宏观环境分析

PEST 模型是企业战略制定中围绕企业外部宏观的政治法律、经济、社会文化、科技环境四个方面综合考虑再做出相应决策的一种方法。

（一）P（政治法律环境）

国际方面：其他国家的国体与政体、关税政策、进口控制、外汇与价格控制、国有化政策及群众利益集团活动、各国国内法律、国际公约。国内方面：政府和各职能部门的各项方针和政策。政治法律因素对企业来说是不可控的，带有强制性的约束力，只有适应这些环境的需要，企业才能生存和发展。

1. 政治环境

政治环境是指企业市场营销的外部政治形势，主要包括政治制度与体制，政局的稳定性、政府所持的市场道德标准等。在国内，安定团结的政治局面不仅有利于经济发展和收入的增加，而且还能够影响群众心理预期，导致市场需求的变化。党和政府的方针、政策对国民经济发展方向和速度提出要求，也直接关系到社会购买力的提高和市场消费需求的增长变化。对国际政治环境的分析，应了解“政治权力”与“政治冲突”对企业营销活动的影响。政治权力对市场营销的影响，往往表现为由政府机构通过采取某种措施约束外来企业或其产品，如进口限制、外汇控制、劳工限制、绿色壁垒等。政治冲突是指国际上的重大事件与突发事件，这类事件在以和平与发展为主流的时代也未绝迹，对企业市场营销工作的影响或大或小，有时带来机会，有时带来威胁。

2. 法律环境

法律环境是指国家或地方政府制定的法律、法规，与其他组织签订过的贸易协定等，对市场消费需求的形成和实现，具有一定的调节作用。企业研究并熟悉法律环境，既可保证自身严格依法管理和经营，也可运用法律手段保障自身的权益。各个国家的社会制度不同、经济发展阶段和国情不同，体现统治阶级意志的法制也不同，从事国际市场营销的企业，必须对相关国家的法律制度和有关的国际法规、国际惯例和准则进行学习研究并在实践中遵循。

（二）E（经济环境）

经济环境要素是指国民经济发展的总概况，国际和国内经济形势及经济发展趋势，企业所面临的产业环境和竞争环境。如通货膨胀率、利率、本地和国外经济的增长以及汇率、失业率、关键劳动力的可得性、当地的劳动力成本等都对企业的战略有很重要的影响。

1. 收入与支出状况

（1）收入

市场消费需求指人们有支付能力的需求。仅仅有消费欲望，并不能创造市场。只有既有消费欲望，又有购买力，才具有现实意义。这是因为，只有既想买又买得起，才能产生购买行为。在研究收入对消费需求的影响时，常使用以下指标：

人均国内生产总值。一般是指价值形态的人均 GDP。它是一个国家或地区所有常住单位在一定时期内（如一年）按人口平均所生产的全部货物和服务的价值超过同期投入的全部非固定资产货物和服务价值的差额，即所有常住单位的增加值之和。国家的 GDP 总额反映了全国市场的总容量、总规模。人均 GDP 则从总体上影响和决定了消费结构与消费水平。

个人收入与可支配收入。个人收入是指城乡居民从各种来源所得到的收入。从个人收入中减除缴纳税收和其他经常性转移支出后所余下的实际收入，即能够用以作为个人消费或储蓄的数额，就是个人可支配收入。各地区居民收入总额可用以衡量当地消费市场的容量，人均收入多少反映了购买力水平的高低。我国统计部门每年采用抽样调查的方法，取得城乡居民家庭人均可支配收入和人均纯收入等数据。

可任意支配收入。在个人可支配收入中，有相当一部分要用来维持个人或家庭的生活以及支付其他必不可少的费用。只有在可支配收入中减去这部分维持生活的必需支出，才是个人可任意支配收入，这是影响消费需求变化的最活跃的因素。

（2）支出

支出主要是指消费者支出模式和消费结构。收入水平在很大程度上影响着消费者支出模式与消费结构，随着消费者收入的变化，支出模式与消费结构也会发生相应变化。消费结构一般是指以货币表示的人们所消费的各种不同类型的消费资料（包括服务）在消费总体中所占的比例。1853—1880 年，德国统计学家恩斯特·恩格尔（Ernst Engel）曾对比利时不同收入水平的家庭进行调查，并于 1895 年发表了《比利时工人家庭的日常支出：过去和现在》一文，分析收入增加对消费支出构成状况的影响，指出在将支出项目按食物、衣服、房租、燃料、教育、卫生、娱乐等费用分类后，收入增加时各项支出比率的变化情况为食物支出所占比率趋向减少，教育、卫生与休闲支出比率迅速上升。换言之，一个家庭收入越少，其支出中用于购买食物的比例越大，这便是恩格尔定律。食物支出占个人总支出的比例，称为恩格尔系数。一般认为，恩格尔系数越大，生活水平越低；反之，恩格尔系数越小，生活水平越高。研究表明，消费者支出模式与消费结构不仅与消费者收入有关，而且受以下因素影响：①家庭生命周期所处的阶段；②家庭所在地址与消费品生产、供应状况；③城市化水平；④商品化水平；⑤劳务社会化水平；⑥食物价格指数与消费品价格指数变动是否一致等。中国近几年推进住房、医疗、教育等改革，个人在这些方面的支出增加，以及食物价格上涨，无疑会从不同方面影响恩格尔系数的变化。

（3）消费者的储蓄与信贷

储蓄是指城乡居民将可任意支配收入的一部分储存待用。储蓄的形式可以是银行存款，可以是购买债券，也可以是手持现金。较高储蓄率会推迟现实的消费支出，加大潜在的购买力。我国人均收入水平虽不高，但储蓄率相当高，从银行储蓄存款余额的增长趋势看，国内市场潜量规模甚大。

信贷是指金融或商业机构向有一定支付能力的消费者融通资金的行为。其主要形式有短期赊销、分期付款、消费贷款等。消费信贷使消费者可用贷款先取得商品使用权，再按约定期限归还贷款。消费信贷的规模与期限在一定程度上影响着某一时限内现实购买力的大小，也影响着提供信贷的商品的销售量。如购买住宅、汽车及其他昂贵消费品，消费信贷可提前实现这些商品的销售。

2. 经济发展状况

（1）宏观经济形势

所有国家和地区的总体经济状态都是波动的。经济波动的传统模式，包括繁荣、衰退、萧条和复苏四个阶段，即商业周期。不同国家和地区在同一时期可能处于商业周期的不同阶段。2007 年以来，一场由美国次级抵押贷款市场动荡引起的金融风暴，使全球大多数国家都受到了严重的冲击。美国金融危机不断扩张，通过金融全球化，把次贷危机的风险转移到了世界的各个角落。这场百年罕见的金融危机，没有一个国家可以独善其身。我国经济已深度融入世界经济环流，不可能全身而退。中国政府已经并继续出台进一步扩大内需的一系列措施，以维护经济、金融和资本市场稳定，促进经济平稳较快发展。这是中国应对这场危机最重要、最有效的手段，也是对世界经济最大的贡献。问题在于，国际或国内经济形势都是复杂多变的，机遇与挑战并存，企业必须认真研究，力求正确认识与判断如今的经济形势，以制定相应的营销战略和计划。

（2）通货膨胀与通货紧缩

通货膨胀是指流通中货币量超过实际需要量所引起的货币贬值、物价上涨的经济现象，或是流通中用于交换的货物（服务）随着时间的变化，在转移过程中不断升值的过程；通货紧缩则是指社会价格总水平即商品和服务价格水平持续下降，货币持续升值的过程。两者都是由于宏观经济不平衡和不协调而造成的，前者表现为“需求过大、供给不足”，物价上涨使价格信号失真，导致生产的盲目发展，造成国民经济的非正常运行，使产业结构和经济结构发生畸形化，引发国民经济的比例失调；后者表现为“供给过剩、需求不足”，其持续发展会导致消费者消极消费，企业投资收益下降，社会经济可能陷入价格下降与经济衰退相互影响、恶性循环的严峻局面。因此，通货膨胀与通货紧缩，既是令经济政策制定者头痛的问题，也是与所有企业和个人息息相关的问题。

（三）S（社会文化环境）

社会文化环境包括人们的生活方式和生活习惯、人口数量和年龄结构、人口的地理分布、种族构成、收入分布、社会道德风尚、人口变动趋势、文化传统、教育水平、价值观念、社会结构等方面。这些因素的变化都给企业带来了发展的新机遇。

1. 教育水平

受教育程度不仅影响劳动者收入水平，而且还会影响消费者对商品的鉴赏力，影响消费者心理、购买的情感影响和消费结构，从而影响企业营销策略的制定和实施。

2. 宗教信仰

人类的生存活动充满了对安全、幸福的向往和追求，在生产力低下、人们对自然现象和社会现象迷惑不解的时期，这种追求往往带着盲目崇拜的宗教色彩。不同的宗教信仰有不同的文化倾向和戒律，从而影响着人们认识事物的方式、价值观念和行为准则，进而影响人们的消费行为。

3. 价值观念

价值观念是指人们对社会生活中各种事物的态度和看法。不同的文化背景下，价值观念差异很大，影响着人们的消费需求和购买行为。对于不同的价值观念，营销管理者应研究并采取不同的营销策略。

4. 消费习俗

消费习俗是指历代传承下来的一种消费方式，是风俗习惯的一项重要内容。消费习俗在饮食、服饰、居住、婚丧、节日、人情往来等方面都表现出独特的心理特征和行为方式。

5. 消费流行

由于社会文化多方面的影响，使消费者产生共同的审美观念、生活方式和情趣爱好，从而导致社会需求的一致性，这就是消费流行。消费流行在服饰、家电以及某些保健品方面，表现最为突出。消费流行在时间上有一定的稳定性，但有长有短，有的可能几年，有的可能是几个月；在空间上还有一定的地域性，同一时间内，不同地区流行的商品品种、款式、型号、颜色可能不尽相同。

（四）T（科技环境）

科技环境是指目前的社会技术总水平，引起革命性变化的发明，与企业生产有关的新技术、新工艺、新材料的出现、发展趋势及应用前景。

科学技术是第一生产力，技术进步是经济增长的源泉之一。科技的发展对经济发展有巨大的影响，不仅直接影响企业内部的生产和经营，还同时与其他环境因素互相依赖、互相作用，给企业营销活动带来影响。例如，一项新技术的应用，可以为企业创造一个明星产品，产生巨大的经济效益；也可以迫使企业的某种曾获得巨大成功的传统产品退出市场。新技术的应用会引起企业市场营销策略发生变化，也会引起企业经营管理发生变化，还会改变零售商业业态结构和消费者购物习惯。

当前，世界新科技革命正在兴起，生产的增长越来越多地依赖科技进步，产品从进入市场到市场成熟的时间不断缩短，高新技术不断改造传统产业，从而加速了新兴产业的建立和发展。值得注意的是，高新技术的发展促进了产业结构趋向尖端化、软性化、服务化，营销管理者必须更多地考虑应用尖端技术，重视软件开发，加强对用户的服务，适应知识经济时代的要求。

二、公司战略制定的产业环境分析

公司战略制定的产业环境可以借鉴波特的五力模型，它包括了客户（购买者）、供应商、替代品、潜在竞争者、行业内企业五种要素的竞争。

（一）客户（购买者）对行业内企业的影响

这种影响主要取决于客户（购买者）与企业的讨价还价能力。如果行业内企业的产品是标准化的或差别很小，客户（购买者）在交易中就占优势；如果行业内企业的产品是差别化的，企业在交易中就占优势。如果客户（购买者）对价格敏感，客户（购买者）就会对行业内企业形成较大成本压力。如果客户（购买者）采购量大，就有很强的讨价还价能力。如果客户（购买者）转而购买替代品的转换成本小，对行业内企业压力就大。其主要影响的因素是：买方是否大批量或集中购买；买方这一业务在其购买额中的份额大小；产品或服务是否具有价格合理的替代品；买方面临的购买转移成本的大小；本企业的产品、服务是否是买方在生产经营过程中的一项重要投入；买方是否有“后向一体化”的策略；买方行业获利状况；买方对产品信息的了解是否充分。

（二）供应商对行业内企业的影响

这种影响主要取决于供应商与行业内企业的讨价还价能力。其主要影响的因素是：要素供应方行业的集中化程度；要素替代品行业的发展状况；本行业是否是供方集团的主要客户；要素是否为该企业的主要投入资源；要素是否存在差别化或其转移成本是否低；要素供应者是否采取“前向一体化”的威胁。

（三）替代品的威胁

当一种产品的相对价格高于替代品的价格时，顾客就会转而购买替代品。替代品的研究主要包括两个内容：第一，判断哪些产品是替代品；第二，判断哪些替代品可能对本企业经营构成威胁。

（四）潜在竞争者的威胁

当行业具有较高的投资回报时，就会吸引到潜在竞争者。潜在竞争者的竞争将导致行业内平均利润下降。

（五）行业内企业的竞争

行业内企业既有竞争，又有合作。行业内企业的竞争程度取决于以下一些因素：

1. 行业内企业数量和力量的对比。当数量较多且力量比较均衡时，竞争较激烈；当数量较多但力量不均衡时，多按龙头企业建立的游戏规则行事，兴业竞争较平稳。

2. 行业市场的增长速度。在市场迅速增长期，竞争弱；反之，竞争就强。

3. 行业内企业差别化程度与转换成本。当每个企业都服务于一个差别化的细分市场时，竞争不激烈；反之，则竞争就激烈。如果一个企业可以轻易转换到另一个细分市场时，竞争激烈；反之，则竞争就不激烈。

4. 战略赌注。行业内企业赌注下得很大时，竞争激烈；反之，则竞争就不激烈。

5. 行规。如无论原材料价格涨落与否，最终产品价格不许改变。在这种情况下，竞争不激烈；反之，则竞争就激烈。

6. 行业的集中程度。当少数几家企业控制了行业绝大部分销售额时，竞争激烈，尤其是从分散向集中过渡的这一段时间，竞争尤为激烈。如国内彩电行业。当行业分散时，竞争较弱，如修鞋行业。

综上所述，竞争越激烈，获利就越低。因此通常那些低进入壁垒、客户（购买者）和供应商处于较强讨价还价地位、替代品威胁严重、行业内企业竞争激烈的行业，是没有吸引力的行业。

三、是本实验的虚拟公司经营战略

虚拟公司经营团队在制定发展战略的时候，应该主要考虑以下几个方面的内容：

1. 公司是要做大做强还是要做专做精？
2. 公司是要做全域市场还是做区域市场？
3. 公司是要成为市场的领导者还是市场的跟随者？
4. 公司是要销售所有商品还是只销售其中的部分商品？
5. 公司是要走高端市场路线还是走低端市场路线？
6. 公司是建立自己的直销体系还是利用市场的分销体系？

可以看出，不同的发展战略决定了各个公司不同的经营风格和经营思路。如果公司立志成为全国一流企业，那么发展战略就是要做大做强，做全域市场，并且成为市场领导者。如果公司只定位在一个区域市场发展，则应该做专做精，做市场的跟随者。

任务三　沙盘盘面介绍

一、沙盘盘面介绍

目前流行的商业沙盘主要包括金蝶、用友等公司开发的产品。各个沙盘的盘面设计大同小异，以下就以金蝶商业沙盘的盘面为例进行介绍。盘面共分四个区域：资金账务操作区、营销操作区、采购配送操作区、门店运营操作区。总体盘面如图 2.3 所示。

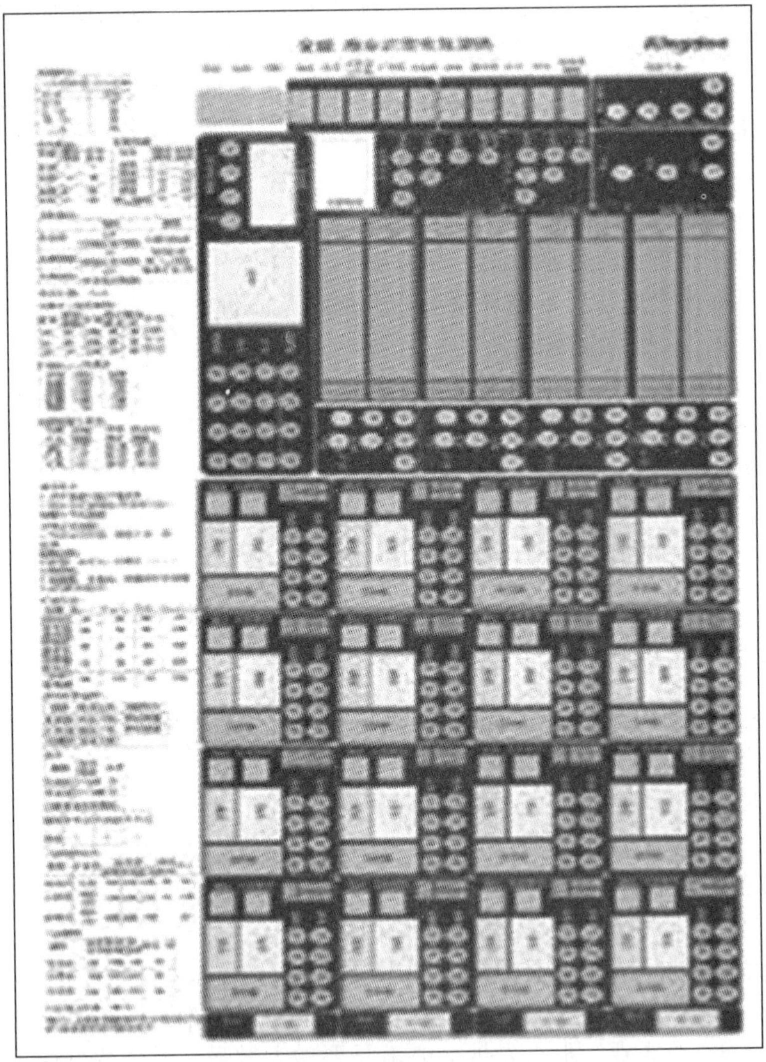

图 2.3　金蝶商业沙盘盘面示意图

（一）资金账务操作区

资金账务操作区是由财务总监以及助理来进行操作的区域，是公司总部账务筹码移动区域，直观反映了公司总部的经营资金和账务状况，如图 2.4 所示。

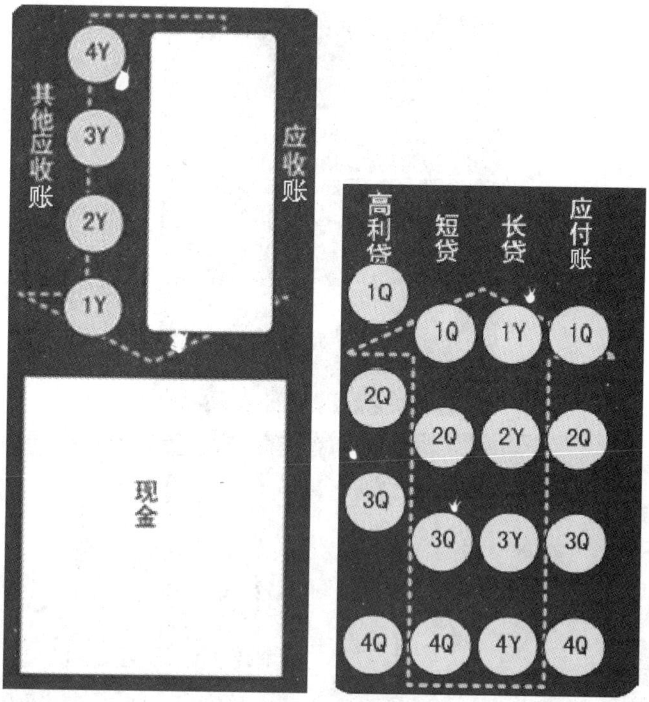

图 2.4　金蝶商业沙盘资金账务操作区示意图

（二）营销操作区

营销操作区是由营销总监来进行操作的区域，是公司总部运作和营销策略实施等筹码移动的区域，直观反映了公司总部的运营费用和市场开拓费用，如图 2.5 所示。

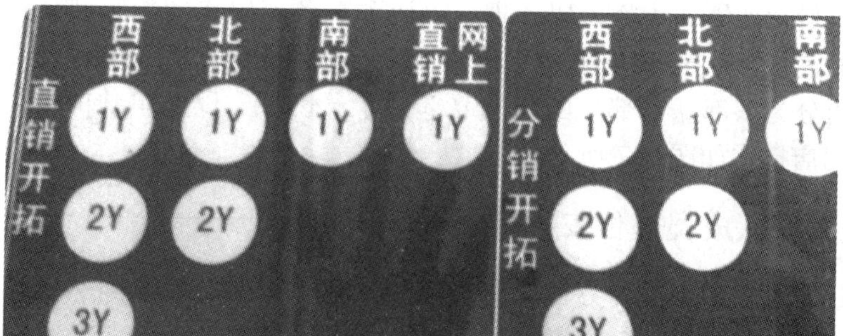

图 2.5　金蝶商业沙盘营销操作区示意图

（三）采购配送操作区

采购配送操作区是由采购总监来进行操作的区域，是公司总部采购订单筹码和货物物流配送筹码移动的区域，直观反映了公司总部的订单数量、在途商品、库存商品的数量和价值，如图 2.6 所示。

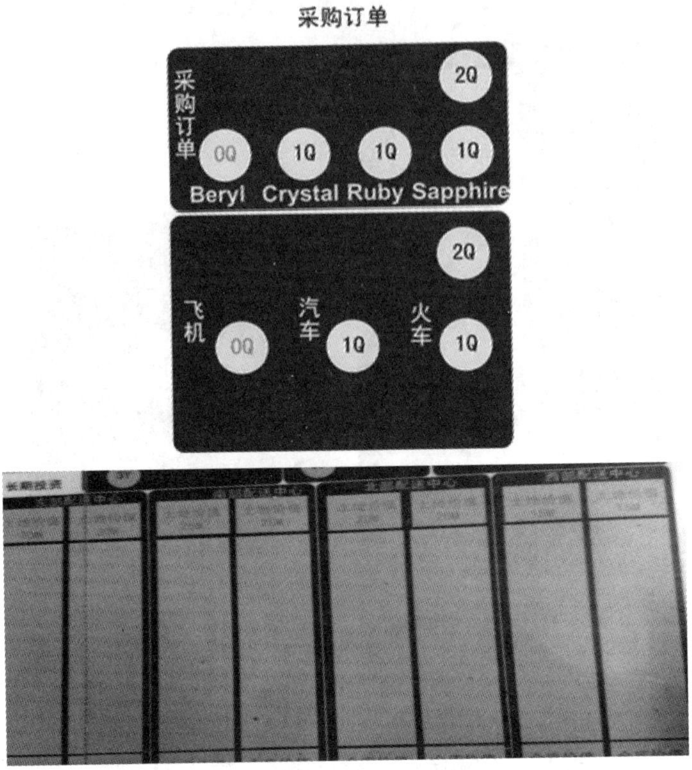

图 2.6　金蝶商业沙盘采购配送操作区示意图

（四）门店运营操作区

门店运营操作区是由门店经理来进行操作的区域，是门店进行商品入库、销售、货款结算、应付款冲销等货物筹码、现金筹码和账务筹码移动的区域，直观反映了公司各个门店的销售订单执行情况、门店库存商品的数量和价值、门店现金和账务等资产状况。门店分为东部、南部、西部和北部四个子区域，以及单独的电子商务（e 门店）区域，门店操作如图 2.7 所示。

二、经营团队成员座位安排

在模拟经营过程中，为了方便对沙盘进行操作，需要对经营团队成员各个角色的座位按照盘面总体布局进行合理安排。

总经理（CEO）坐在沙盘的正下方，便于总揽全局，控制整个盘面；

财务总监（CFO）坐在沙盘的左上方，靠近资金账务操作区，便于对现金和账务筹码进行操作；

营销总监（COO）坐在沙盘的右上方，靠近营销操作区，便于对公司运营和市场开拓等现金筹码进行操作；

采购总监（CPO）坐在沙盘的右上侧，靠近采购配送操作区，便于对订单筹码和商品筹码进行操作。

门店经理（SM）如果有多位，可以分别坐在盘面的左右下侧，便于对门店的相关筹码进行操作。具体的座位分布如图 2.8 所示。

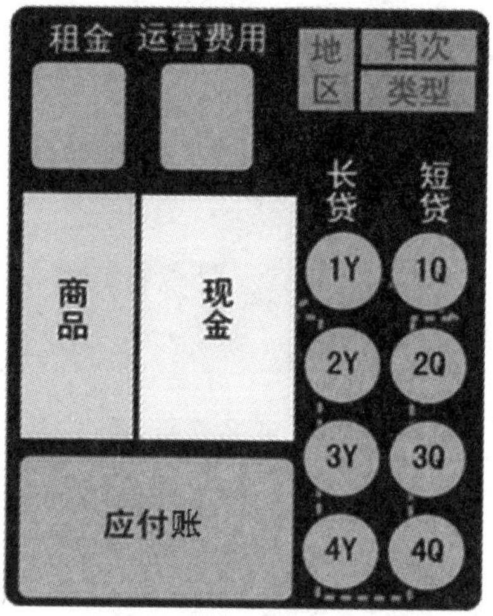

图 2.7　金蝶商业沙盘门店操作图

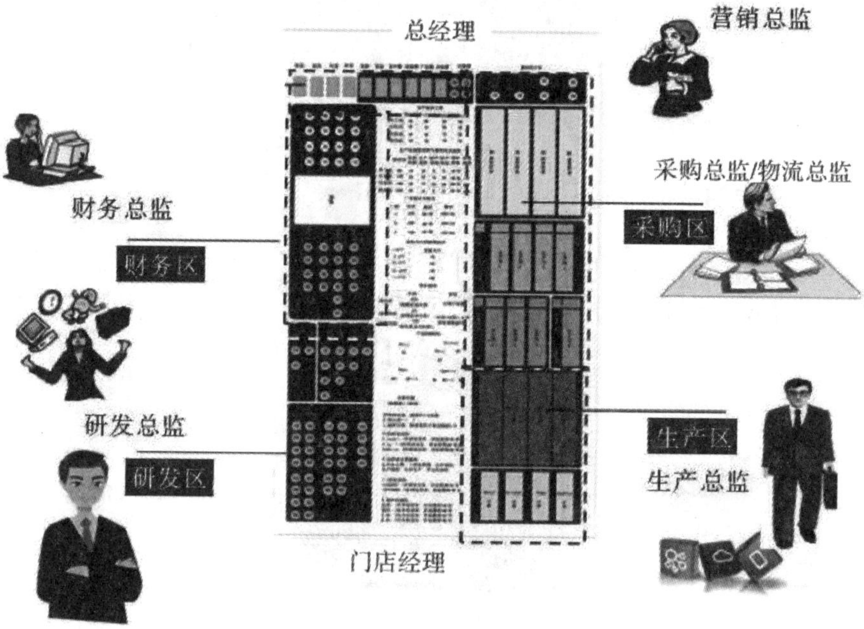

图 2.8　金蝶沙盘座位分布图

三、模拟经营的筹码介绍

沙盘的模拟经营流程和经营成果是通过一系列筹码的分配和移动来体现的。经营的筹码一共分为四类：现金筹码、债务筹码、商品筹码和订单筹码。

（一）现金筹码

现金筹码代表一定数量的现金。沙盘中共有三种面值的现金筹码，分别是：

1. 面值为 1M 的灰色现金筹码，代表 100 万元现金，如图 2.9 所示。

图 2.9　现金筹码 1M

2. 面值为 10M（粉色）的现金筹码，代表 1 000 万元现金，如图 2. 10 所示。

图 2. 10　现金筹码 10M

（二）债务筹码

债务筹码，代表一定数量的债务。沙盘中共有两种面值的债务筹码。分别是：

1. 面值为 1M（褐红色）的债务筹码，代表 100 万元的负债，如图 2. 11 所示。

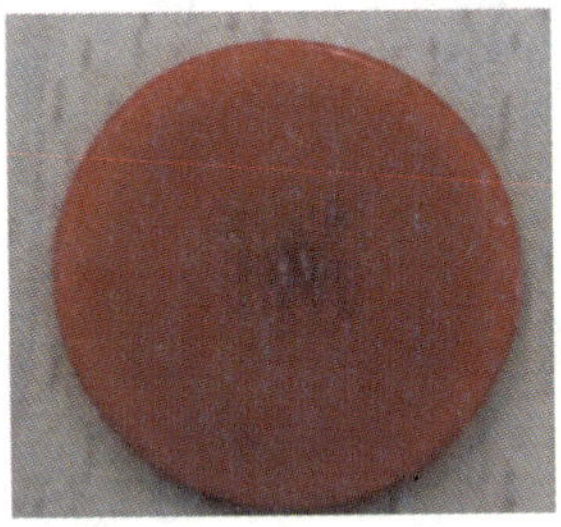

图 2. 11　债务筹码 1M

2. 面值为 10M（红色）的债务筹码，代表 1 000 万元的负债，如图 2. 12 所示。

图 2. 12　债务筹码 10M

（三）商品筹码

商品筹码，代表某一种类的商品。商业沙盘中共有四个种类的商品筹码，分别代表 Beryl（低端）、Crystal（中低端）、Ruby（中高端）、Sapphire（高端）四种商品，均是蓝色筹码表示。一个筹码表示一个类别的商品。各种商品的示意图如图 2.13 所示。

图 2.13　商品筹码

（四）订单筹码

订单筹码，代表某一种类的商品订单。商业沙盘中共有四个种类的订单筹码，与四种商品性对应，分别代表 Beryl（低端）、Crystal（中低端）、Ruby（中高端）、Sapphire（高端）四种商品订单，从低端到高端，均是黄色筹码表示，一个筹码表示一个类别的商品订单。各种订单筹码示意图如图 2.14 所示。

图 2.14　订单筹码

任务四　商业沙盘经营流程

在虚拟企业模拟经营中，一个完整的年度经营流程包括年初任务、四个季度任务、年末任务以及财务报表编制四个部分。年初任务、季度任务、年末任务的对应操作必须在当年的任务清单中做相应的记录。财务报表又包括费用明细表、损益表和资产负债表，只有当年初任务、季度任务、年末任务完成之后对盘面进行盘点，盘点清楚之后才能完成年当年的财务报表。

一、年初任务

（一）年初任务流程

每年年初，虚拟公司需要进行以下内容的操作（年初任务流程如图 2.15 所示）：

1. 制订本年度营销计划，包括门店投资计划、商品定价计划、广告投放计划。
2. 缴纳上一年度税金，包括公司总部和所有门店。
3. 缴纳广告费。
4. 参加该年度的所有销售订单竞标工作。

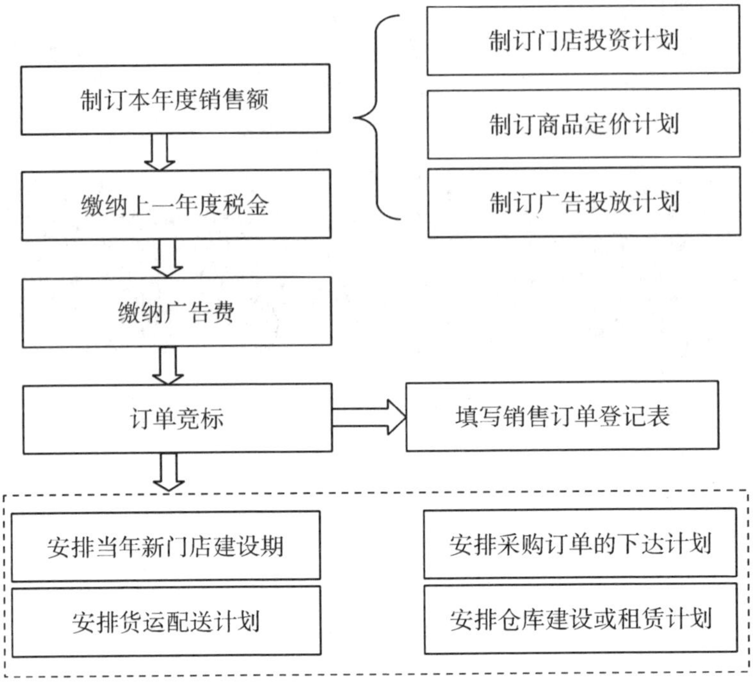

图 2.15　年初任务流程

5. 根据全年的销售订单填写“销售订单登记表”。

“销售订单登记表”是用来登记和计算本年度所有获得的订单类型、数量、交货时间、订单收入、订单成本以及订单毛利的表格。该表格是计算各个门店销售收入、成本和利润的重要凭据。因此，在正式开始当年的经营任务之前，必须认真细致地填写好“销售订单登记表”。销售订单登记表如表 2.2 所示。

6. 合理安排新门店建设期。

7. 合理安排采购订单的下达时间、货运配送计划以及仓库建设或租赁计划等。

在年初任务中，难度最大的就是合理安排采购订单的下达时间与货运配送的计划等。

这两项工作涉及整个年度的经营计划，如果计划不到位，就会出现无法履行订单面临罚款，或者出现支付高昂运费来强行交单而造成亏损的局面。一些有经验的经营团队甚至还要对下一年度的市场进行预测并合理安排库存以争取更多的订单。可以说，这部分工作是对整个经营团队的宏观预测和控制能力、统筹规划能力、仓储配送规划能力的考验。年初任务很好的完成以后，后续的季度任务、年末任务等就能顺理成章、按部就班地完成了。

表 2.2　销售订单登记表

市场								
季度								
门店类型								
产品名称								

表2.2(续)

零售价								
订单数量								
订单销售额								

（二）年初任务清单

年初任务的操作内容与年初任务清单相对应。任务清单的操作方法为，如果存在该项操作，就在后面对应的方框中打钩，如果有必要，还可在方框后记录其他重要数字等信息。其他年初任务不需要记录在任务清单中，操作者可以另行记录。年初任务清单如表 2.3 所示。

表 2.3　年初任务清单

总部	（1）缴纳上一年度税金 （2）缴纳广告费 （3）登记销售订单	□ □ □
门店	缴纳上一年度税金	□

二、季度任务

季度任务是主要的经营流程，所有销售订单的履行都在季度任务中完成。季度任务按照第一、第二、第三、第四季度分别完成。每个季度的操作流程是相同的，一共分为 26 个步骤。其详细操作流程见季度任务清单表 2.4 所示。

表 2.4　季度任务清单

		季度 1	季度 2	季度 3	季度 4
门店	1. 更新短期贷款/还本付息/申请短期贷款	□	□	□	□
总部	2. 更新短期贷款/还本付息/申请短期贷款	□	□	□	□
	3. 更新应付账款/归还应付款 4. 租用新仓库/支付仓库租金/新建仓库 5. （采购环节）运输入库/更新运输 6. 更新采购订单/采购订单交付货运 7. 支付采购货款/采购货款挂应付账 8. 支付（采购环节）运输费用 9. 下采购订单（Beryl 订单转到 6） 10. 决策投资新门店/变卖门店 11. 支付专卖店投资款 12. 支付大卖场上架费	□ □ □ □ □ □ □ □ □ □	□ □ □ □ □ □ □ □ □ □	□ □ □ □ □ □ □ □ □ □	□ □ □ □ □ □ □ □ □ □
门店	专卖店接受初始投资款 建店初始长贷 支付租金 大卖场接受上架费	□ □ □ □	□ □ □ □	□ □ □ □	□ □ □ □
总部	（配送环节）更新运输/运输入店	□	□	□	□
门店	收取总部配送商品，付现或挂应付款	□	□	□	□

表2.4(续)

		季度 1	季度 2	季度 3	季度 4
总部	收取代理货款/挂应收款	□	□	□	□
门店	向总部申请配货	□	□	□	□
总部	仓库配送商品（填表格六：配送记录） 支付（配送环节）运输费	□ □	□ □	□ □	□ □
门店	按销售订单交货，收取货款 支付总部应付款，冲销应付款	□ □	□ □	□ □	□ □
总部	收取门店销售货款，冲销应收款 支付行政管理费（填表格八：季度状态）	□ □	□ □	□ □	□ □

以下按季度任务清单的操作顺序介绍每一步骤的操作流程：

（一）门店操作流程

1. 更新短期贷款/还本付息/申请短期贷款

（1）申请短期贷款

在每个季度初期，各个门店根据本季度的资金收入和支出预算计划来决定是否需要申请短期贷款。如果需要再进行短期贷款申请。

（2）更新短期贷款

如果以前季度存在短期贷款，则在本季度需要更新贷款状态。

（3）还本付息

如果贷款到期，则需要还款并支付利息，并完成操作。

有关短期贷款的贷款、还款、利息等相关规则将在第三章进行详细介绍。

例如，需要在第一季度申请短期贷款 10M，则在盘面上的操作为：从指导教师处获得 10M 的现金筹码和 10M 的负债筹码，10M 现金筹码放入相应门店财务区的现金池内，同时，在门店财务区短期贷款 4Q 点放入 10M 的债务筹码，并在对应的任务清单上打钩。

（二）季度任务清单—总部操作流程

2. 更新短期贷款/还本付息/申请短期贷款

总部的短期贷款操作与门店的操作相同，根据需要进行相应的操作即可。

3. 更新应付款/归还应付款

当总部存在应付账款的时候，如果未到期，则更新应付账款的状态；如果已经到期，则归还应付账款。在沙盘的模拟经营中，总部的应付账款主要体现在采购货款方面。什么情况下允许挂应付账款将在第三章采购规则中进行介绍。

4. 租用新仓库/支付仓库租金/新建仓库

在本季度，公司经营团队根据订单交货情况和仓库存货状况来决定是否要新建仓库或者直接租用仓库。如果在以前的季度已经租用了仓库，而本季度打算继续租用，则应该支付仓库租金，仓库租金按季度支付。盘面操作为：从总部现金池中取出所要支付的租金放入总部运营区（最上一排）的租金栏目中。如果是新建仓库，则需要支付土地购买和仓库建设费，并且自建仓库有一个季度的建设期。

5. （采购环节）运输入库/更新运输

总部有两次运输，一次是采购环节的运输，对应的是从供应商处购买商品并运输到仓库的过程。另一次是商品配送环节的运输，对应的是总部把商品从总部仓库运送到各个门店仓库的过程。这一步是针对总部采购环节的更新运输。

这一步对应总部采购区蓝色商品筹码的移动。当该季度中有采购的商品已运输到货，则需要把到货的商品入库，对应到盘面操作，即把运输环节的蓝色商品筹码移入对应的仓库中。如果商品还在运输途中，没有到达目的地，则需要更新商品的运输状态。更新运输一般是在使用火车运输的情况下才会出现，因为火车的运输周期为两个季度（2Q），在第一个季度的时候就会出现更新运输的操作。

6. 更新采购订单/采购订单交付货运

这一步对应总部采购区黄色订单筹码的移动。如果采购订单还未到交货期，则需要更新订单的采购状态。更新订单一般是在采购 Sapphire（高端）商品的时候才会出现，因为 Sapphire（高端）商品的采购周期为两个季度（2Q），在第一季度的时候就会出现更新采购订单的操作。如果采购订单已到交货期，则需要把采购订单黄色筹码换成对应商品的蓝色筹码放入采购运输区进行操作。

7. 支付采购货款/采购货款挂应付账

如果在上一步骤（第 6 个步骤）存在采购订单交付货运，即出现黄色筹码更换成蓝色筹码的操作，则在本步骤中就必须要支付采购货款。如果是现金支付，则对应的盘面操作为：从总部现金池里面取出相应商品采购货款的现金筹码。如果满足挂应付账款的条件，则对应的盘面操作是在总部财务区应付账款栏中相应季度的圆点上放入对应商品货款的红色债务筹码。

8. 支付（采购环节）运输费用

与第 7 个步骤类似，如果第 6 个步骤存在采购订单交付货运，即出现黄色筹码更换成蓝色筹码的操作，在本步骤中，还需要支付运输费用，根据采用的运输方式计算出运输费用，对应的盘面操作为：总部现金池里取出相应的现金筹码放到盘面运营区（最上面一排）的运输费用栏目中。

9. 下采购订单（Beryl 订单转到 6）

根据年初订单的统一安排，如果在当前季度需要下订单，则对应的盘面操作为：从指导教师处领取相应的黄色筹码放入盘面采购区域各个商品凑够的圆点中。各种商品的采购期存在差异，所以需要经营者在安排订单下达时间、选择运输方式等环节精心设计和统筹考虑。

（1）Beryl（低端）商品的采购期为 0Q，即该类商品没有采购期，所以在本步骤中采购 Beryl（低端）商品时，可以直接转到第 6 步骤进行“更新采购订单/采购订单交付货运”操作即可；

（2）Crystal（中低端）和 Ruby（中高端）两种商品采购期为 1Q，即本季度下订单后，需要下一季度才能交货；

（3）Sapphire（高端）商品的采购期为 2Q，即本季度下采购订单后，需要再过两个季度才能交货。

10. 决策投资新门店/变卖门店

（1）决策投资新门店

如果在当前季度需要建设新门店，则该步骤存在此操作，可在任务清单的方框中打钩，并写上门店类型和数量。

（2）变卖门店

当门店经营不善亏损时，或者战略考虑进行市场转移时，可以进行门店的变卖。门店变卖的操作的详细规则将在第三章进行介绍。

11. 支付专卖店投资款

如果投资的门店是专卖店，则在本步骤中支付相应专卖店的投资款。因为专卖店属于直销体系，由总部直接投资建设。而另外两种门店（代理店和大卖场）属于分销体系，由门店向银行贷款建设。总部支付投资款的盘面操作为：从总部财务区的现金池里取出所需的现金筹码，放入总部财务区的长期投资栏内。

12. 支付大卖场上架费

这一步只针对开设了大卖场的情况。对于已经开张的大卖场，总部需要向每家大卖场租赁方每个季度支付 1M 的上架费。如果大卖场还处于建设期，则不需要支付。对应的盘面操作为：从总部现金池里取出相应的现金筹码放到盘面运营区（最上面一排）的上架费栏目中。

（三）门店

13. 专卖店接受初始投资款

这一步由门店操作，专卖店接受总部投资款。具体盘面操作为：从指导老师处领取专卖店的标牌放在相应的空白门店处，有字的一面朝下，等到建设期结束可以开张的时候再翻至正面朝上。如果是代理店或者大卖场则应跳过这一步骤。

14. 建店初始长贷

这一步由门店操作，如果是代理店或者大卖场，则接受银行长期贷款。具体盘面操作为：从指导教师处领取标牌放在相应的空白门店处，有字的一面朝下，等到建设期结束可以开张的时候再翻至正面朝上。同时，领取与门店价值相对应的红色债务筹码放在门店长期贷款区的相应年份上。注意：

（1）代理店的长期贷款为 2 年期，红色筹码应放在门店长期贷款的 2Y 圆点上。

（2）大卖场的长期贷款为 4 年期，红色筹码应放在门店长期贷款的 4Y 圆点上。

15. 支付租金

在每季度末，门店需要支付本季度的租金。不同类型的门店租金是不一样的，其中专卖店和代理店的租金是 2M/季度，大卖场的租金是 4M/季度。支付租金的盘面操作是：从各个门店的现金池内取出相应的租金放到门店运营区的租金栏内。

16. 大卖场接受上架费

这一步只针对开设了大卖场的情况。具体操作参照总部第 12 个步骤。

（四）总部

17. （配送环节）更新运输/运输入店

总部有两次运输，一次是采购环节的运输，对应的是从供应商处购买商品并运输到仓库的过程。另一次是商品配送环节的运输，对应的是总部把商品从总部仓库运送到各个门店仓库的过程。本步骤是针对总部配送环节的更新运输。

（1）如果商品还在运输途中，没有到达目的地门店，则需要更新商品的运输状态。更新运输一般是在使用火车运输的情况下才会出现，因为火车的运输周期为两个季度（2Q），在第一季度的时候就会出现更新运输操作。

（2）如果商品已经到达目的地门店，则需要进行第 18 步操作，门店运输入库。

（五）门店

18. 收取总部配送商品，付现或挂应付账款

如果发往门店的商品已经送达，则需要对商品进行入库操作，并支付货款或挂应付账款。具体盘面操作为：把蓝色筹码放入对应门店的仓库后进行以下操作：

（1）代理店的操作流程

直接用现金支付货款。对应的操作为：从代理店现金池内取出与入库商品等值的现金筹码直接放入总部现金池内。

（2）专卖店/大卖场的操作流程

向总部挂应付账款。对应的操作是：在门店应付账款栏目内添加与入库商品等值的红色负债筹码。应付账款的冲销可以等到该商品销售并收取货款以后再进行。此处账款是按照门店向总部的采购价来计算的，不要误以为是总部的采购价，否则就会造成错误。

（五）总部

19. 收取代理货款/挂应收款

（1）如果门店类型为代理店，在第 18 步就有直接用现金支付货款的操作，对应到这一步，总部有一个收取代理货款的操作，由于现金转移已经完成，因此这一步只需要在任务清单上做相应的登记即可。

（2）如果是专卖店或大卖场，则总部挂应收账款。具体的盘面操作为：从指导教师处领取与出库商品等值的现金筹码放在总部财务区的应收账款栏内。等值的概念也是按照门店向总部的采购价来进行计算的。

（六）门店

20. 向总部申请配货

门店经理根据当前库存以及后续订单的销售情况，来决定在本季度内是否需要向总部申请配货。在第三季度运营中，还需要预测下一年度的销售订单并进行提前备货。如果需要订货，则在任务清单第 17 步对应的方框内打钩，并注明发货的种类和数量。

（七）总部

21. 仓库配送商品（填表格六：配送记录）

第 21、第 22 步操作对应第 20 步操作。如果第 20 步有操作，则第 21、第 22 步也必然存在操作，如果第 20 步没有操作，则第 21、第 22 步也必然不会有操作，这是经营者在进行流程控制中需要把握的一个技巧。

（1）仓库配送商品

总部根据门店申请配货的种类和数量进行相应批次的配送，并根据配送时限选择最合理的运输方式。出库的操作为：把要出库的蓝色商品筹码从仓库里取出，放在配送环节货运区对应的运输方式圆点上。

（2）填表格六：配送记录

在本实验中，总部配送记录在学员手册里属于“六. 总部配送记录”，与本章中表

2.5 所示内容一致。

该表是在年末制定总部年终报表时计算总部收入的重要依据，如果在总部出库时忘记填写此表，将会使得编制总部财务报表的工作变得十分困难，而且容易出错。具体格式见表 2.5 所示。

表 2.5　总部配送记录

市场								
季度								
门店名称								
产品名称								
门店进货价								
配送数量								
总部销售额								
总部采购成本								
入库时间								

22. 支付（配送环节）运输费

选择好商品的运输方式然后发货，此时就要支付相应的运输费用。对应的盘面操作为：根据采用的运输方式计算出运输费用，从总部现金池内取出相应的现金筹码放在盘面运营区（最上面一排）的运输费栏目中。

（八）门店

23. 按销售订单交货，收取货款

在这一步中，各个门店依次执行本季度的所有销售订单，按订单交货，并收取货款。具体盘面操作为：从门店仓库中取出欲销售的商品到指导教师处换取货款现金筹码并放入门店现金池内。

货款 = 商品销售数量×商品价格

（九）门店

24. 支付总部应付款，冲销应付款

专卖店或大卖场收到销售货款以后，应该向总部冲销应付账款。具体的操作是：门店从现金池内取出与商品进价成本等值的现金筹码，同时从应付账款栏中取出相同数量的红色债务筹码，一并交到指导教师处。冲销的货款按本门店销售的商品数量来计算，卖了多少商品就冲销多少应付款，没有销售的商品的应付款不需要冲销。

（十）总部

25. 收取门店销售货款，冲销应收款

门店冲销应付账款后，总部也必然要冲销应收款，且总部冲销的应收款必须与各个门店冲销的应付款总和相等。具体的盘面操作为：计算出应冲销的应收款后，从总部财务区应收账款栏中取出相应的现金筹码放入总部现金池内。这里要注意的是，切忌直接从门店拿取现金放入总部现金池，而必须采取的操作是，门店现金上交给指导教师，总部应从应收账款栏中转移现金到总部现金池内。

（十一）总部

26. 支付行政管理费（填表格八：季度状态）

（1）支付行政管理费

这是季度任务的最后一步操作，由总部支付行政管理费。行政管理费的金额为1M/季度。具体的盘面操作为：从总部现金池内取出1M现金放到总部运营区（最上面一排）的行政管理费栏内。

（2）填表格八：季度状态

在本实验中，"季度状态记录"表在学员手册里属于"八. 季度状态记录"与本章中表2.6所示内容一致。

表2.6 季度状态记录

	Q1	Q2	Q3	Q4/年末
Crystal采购订单	1Q,数量:	1Q,数量:	1Q,数量:	1Q,数量:
Ruby采购订单	1Q,数量:	1Q,数量:	1Q,数量:	1Q,数量:
Sapphire采购订单	2Q,数量: 1Q,数量:	2Q,数量: 1Q,数量:	2Q,数量: 1Q,数量:	2Q,数量: 1Q,数量:
采购运输 火车	2Q,产品-数量: 1Q,产品-数量:	2Q,产品-数量: 1Q,产品-数量:	2Q,产品-数量: 1Q,产品-数量:	2Q,产品-数量: 1Q,产品-数量:
汽车	1Q, 产品-数量:	1Q, 产品-数量:	1Q, 产品-数量:	1Q, 产品-数量:
飞机				
东部仓储	产品-数量:	产品-数量:	产品-数量:	产品-数量:
南部仓储	产品-数量:	产品-数量:	产品-数量:	产品-数量:
北部仓储	产品-数量:	产品-数量:	产品-数量:	产品-数量:
西部仓储	产品-数量:	产品-数量:	产品-数量:	产品-数量:
配送运输 火车	3Q,产品-数量: 2Q,产品-数量: 1Q,产品-数量:	3Q,产品-数量: 2Q,产品-数量: 1Q,产品-数量:	3Q,产品-数量: 2Q,产品-数量: 1Q,产品-数量:	3Q,产品-数量: 2Q,产品-数量: 1Q,产品-数量:
汽车	1Q, 产品-数量:	1Q, 产品-数量:	1Q, 产品-数量:	1Q, 产品-数量:
飞机				
现金				
应收账				
高利贷	账期-数量:	账期-数量:	账期-数量:	账期-数量:
短贷	账期-数量:	账期-数量:	账期-数量:	账期-数量:
长贷	***********	*************	**************	账期-数量:
应付账	账期-数量:	账期-数量:	账期-数量:	账期-数量:
长期投资				
运输费				
买卖订单				
处理门店				
罚金				
分销开拓	******************	******************	******************	
直销开拓	******************	******************	******************	

门店

现金				
商品	产品-数量:	产品-数量:	产品 数量.	产品-数量:
应付账				
长贷	账期-数量:	账期-数量:	账期-数量:	账期-数量:
短贷	账期-数量:	账期-数量:	账期-数量:	账期-数量:
转让商品	产品-金额:	产品-金额:	产品-金额:	产品-金额:

三、年末任务

四个季度的经营任务依次完成以后，经营流程就进入了年末任务。门店的年末任务包括支付全年运营费用、更新长期贷款、支付利息和清盘。总部的年末任务包括更新长期贷款、支付利息、申请长期贷款、支付仓库维护费、计提折旧、决定下一年新市场的开拓等。具体内容如表 2.7 所示。

表 2.7　年末任务清单

总部	（1）更新长期贷款/支付利息/申请长期贷款 （2）支付仓库维护费 （3）计提折旧 （4）开拓渠道（直销/分销） （5）支付门店返点	□ □ □ □ □
门店	（6）支付运营费用 （7）更新长期贷款/支付利息/申请长期贷款 （8）接受总部返点 （9）清盘	□ □ □ □
总部	（10）门店损失记入坏账 （11）调整与门店的结算比例 （12）关账（填表格八：季度状态）	□ □ □

（一）总部年末任务

1. 更新长期贷款/支付利息/申请长期贷款

（1）更新长期贷款

如果本部存在长期贷款，则在每年年末也需要更新贷款状态。对应的盘面操作是：把长期贷款的红色筹码向前推移一格。

（2）支付利息

如果本部存在长期贷款，则在每年年末除需要更新贷款状态外，还需要按照 10% 的利率支付利息，具体盘面操作为：从总部现金池内取出对应现金筹码，放入总部运营的利息栏内（最上面一排）。

（3）申请长期贷款

如果总部现金在下一年度可能出现短缺，则可以考虑申请长期贷款。申请长期贷款的盘面操作为：从指导教师处领取贷款的现金筹码和同等额的红色债务筹码，现金放入总部现金池内，债务筹码放在总部长期贷款对应年份的圆点处，如果申请 2 年期贷款，则放在 2Y 圆点上，如果申请 4 年期贷款，则放在 4Y 圆点上。

2. 支付仓库维护费

对于自建的仓库，每年年底要支付仓库维护费。仓库维护费按照仓库的容量不同而有所差异。10 个商品容量的仓库维护费为每年 1M；20 个商品容量的仓库维护费为每年 2M；30 个商品容量的仓库维护费为每年 3M。对应的盘面操作为：根据所建仓库容量大小计算出维护费，从总部现金池内取出相应的现金筹码，放入总部运营区（最上面一排）的维护栏内。对于租用的仓库，只需要在每个季度中支付仓库租金，无需进行此步骤的操作。

3. 计提折旧

对于自建的仓库，每年年底要对仓库的价值计提折旧，折旧的方法是按10年期平均折旧，每年折旧10%。对应的盘面操作为：计算出需要计提的金额，从仓库现金栏中（仓库区正下方）取出相应现金筹码，放入总部运营区（最上面一排）的折旧栏内。对于租用的仓库，不需要进行此步骤操作。

4. 开拓渠道（直销/分销）

每年年底，需要对以后年度新市场的开拓做出决策。如果打算在后续年度开拓南部、西部、北部市场，必须在相应年度末开拓市场。市场渠道有直销和分销两种。直销对应的门店是专卖店，分销对应的门店是代理店或大卖场。

例如：若打算下一年度在南部建设专卖店，则需要开拓南方的直销市场，对应的操作是：从总部现金池内取出1M的现金筹码放在市场开拓区的南部直销圆点处。如果希望下一年度在南部建设代理店或大卖场，则需要开拓南部的分销市场，对应的操作是：从总部现金池内取出1M的现金筹码放在市场开拓区的南部分销圆点处。

如果需要开拓西部和北部市场，由于这两个市场的培育期都在1年以上，因此，在当年年末投入了市场开拓费后，以后年度仍需要继续投入开拓费用，直到开拓完毕。对于已经开拓成功的市场，则不需要再投入市场渠道开拓费用。详细的市场渠道建设将在第三章介绍。

5. 支付门店返点

这一步只针对代理店和大卖场，是指当这两种门店全年的销售额达到一定数量后，公司总部需要向分销商支付一定的返点。具体的盘面操作为：从总部现金池内取出相对应的现金筹码放入盘面总部运营区（最上面一排）返点栏目内，并记入代理店和大卖场返点对应的栏目中。代理店和大卖场的返点规则将在第三章详细介绍。

（二）门店年末任务

6. 支付运营费用

每年年底，所有门店需要分别支付全年的运营费用。支付运营费用的盘面操作为：从各个门店的现金池内取出相应现金筹码放入门店运营区的运营费用栏内。

不同类型不同档次的门店，运营费用也是不一样。三种门店的运营费用明细如表2.8所示。

表2.8 门店运营费用明细

类型	运营费（M/年/家）		
	低端	中端	高端
专卖店	5	10	15
代理店	5	10	15
大卖场	20	20	20

7. 更新长期贷款/支付利息/申请长期贷款

（1）更新长期贷款/支付利息

如果门店存在长期贷款，则在每年年末要更新贷款状态，并支付利息。对应的盘面操作为：把长期贷款的红色筹码向前推移一格，并按照10%的利率计算出利息，从各个门店现金池内取出对应的现金筹码放入门店运营区的利息栏内。

（2）申请长期贷款

如果门店现金在下一年度可能出现短缺，则可以考虑申请长期贷款。申请长期贷款的盘面操作为：从指导教师处领取贷款的现金筹码和同等额的红色债务筹码，现金放入门店现金池内，债务筹码放在门店长期贷款对应年份的圆点处，如果申请 2 年期贷款，则放在 2Y 圆点上，如果申请 4 年期贷款，则放在 4Y 圆点上。

8. 接受总部返点

这一步只针对代理店和大卖场。在年末总部任务的第 5 步骤中，需要对符合条件的代理店和大卖场进行返点操作。具体的盘面操作为：从总部现金池内取出相对应的现金筹码放入盘面总部运营区（最上面一排）返点栏目内，同时记入代理店和大卖场返点对应的栏目中。

9. 清盘

结束门店的年末任务。在任务清单对应项的方框内打钩。

（三）总部

10. 门店损失记入坏账

对于因亏损比较严重需要关闭的门店，总部需要把门店损失记入坏账。一般情况下，不建议轻易关闭门店。

11. 调整与门店的计算比例

当某个门店处于开业保护期，或者销售规模达到一定数量的情况下，总部可能会调整与门店的结算比例或结算方式。一般情况下，该操作可在表 2.11 中进行。

12. 关账（填表格八：季度状态）

（1）结束总部年末任务。在任务清单对应项的方框内打钩。

（2）填表格八：季度状态。步骤与“季度任务清单”表上的第 26 步操作方法一致，所填写的表格也是一致的。

四、制作公司年终报表

年终任务完成后，我们需要制作公司的年终报表。由于公司总部和各门店是独立核算的，因此门店的年终报表和总部的年终报表应该分别单独制作。年终报表有损益表和资产负债表两个。

（一）门店报表

1. 门店损益表

损益表也叫利润表，是反映门店该年度经营状况的报表。损益表的内容详见表 2.9。其中：

（1）营业收入是指本年度该门店的销售收入总和。该收入可以通过“销售订单登记表”中的数据计算得出。

（2）成本是指商品的进货成本，即向总部支付的采购货款。该数据库也可通过“销售订单登记表”中的数据计算得出。

表 2.9　门店损益表

营业收入	
减：成本	
运营费用	
租金	
财务费用	
加：营业外收益	
利润总额	
减：所得税	
净利润	

（3）运营费的数据可以直接读取盘面上该门店的运营费用栏内的现金筹码。

（4）租金的数据可以直接读取盘面上该门店的运营费用栏内的租金栏内的现金筹码。

（5）财务费用主要是指利息，该数据也可以直接读取盘面中该门店利息栏内的筹码。

（6）营业外收益是指通过销售商品以外的事项取得的收入，比如转让订单、获得奖励等的收入。

（7）利润总额=营业收入-成本-运营费用-租金-财务费用+营业外收益

（8）所得税的税率按一般企业所得税 25%计算（暂不考虑特别企业），如果利润总额为负数，表示该门店经营亏损，所得税记为 0。所得税的计算公式为

所得税=利润总额×25%

（9）净利润，即本年度该门店真正赚了多少钱。计算公式为

净利润=利润总额-所得税

2. 资产负债表

资产负债表是反映该门店总资产与总负债以及所有者权益之间关系的财务报表，其能够真实表达门店的实际价值。资产负债表的编制体现了一个会计恒等式，即

资产=负债+所有者权益

这个公式也是检验资产负债表编制是否正确的标准。详细的资产负债表如表 2.10 所示。

表 2.10　门店资产负债表

资产	年末数	负债及所有者权益	年末数
现金		短期负债	
商品价值		应付账款	
应收款		应交税金	
		长期负债	
		负债合计：	

表2.10(续)

资产	年末数	负债及所有者权益	年末数
		股东资本	
		以前年度利润	
		当年净利润	
		所有者权益合计：	
资产总计		负债及所有者权益合计：	

（1）资产负债表左边栏是门店的的资产，包括三项内容：

①现金，是指门店现金池内的现金数量，可以直接读取现金筹码。

②商品价值，是指门店仓库中库存商品的价值。其计算公式为

商品价值=商品的门店进货价×商品数量

③固定资产，是指门店的建设投资费用。对于专卖店，固定资产就是总部的投资费用；对于代理店和大卖场，固定资产就是银行的长期贷款。

门店资产总计=现金+商品价值+固定资产

（2）资产负债表右边栏是门店的负债及所有者权益项，其中：

①短期负债，是指门店一年期以内的银行负债，读取盘面该门店短期负债栏所有的红色筹码并累加，记入短期负债的年末数栏目内。

②应付账款，表示应向总部缴纳的货款。读取盘面该门店应付账款栏红色筹码的数量，记入应付账款的年末数栏目内。

③应缴税金，见该门店损益表中的所得税栏，把所得税的数值填入应交税金的年末数栏目内。

④长期负债，表示门店一年期以上的银行负债，读取盘面该门店长期负债栏所有红色筹码并累加，记入长期负债的年末数栏目内。

⑤负债合计。负债合计=短期负债+应付账款+应交税金+长期负债。

⑥股东资本。股东资本只针对专卖店，由总部直接投资，直接填入总部的投资金额。股东资本应该与资产栏中固定资产相等。对于代理店和大卖场，该项数值记为0。

⑦以前年度利润是个累计值。以前年度利润=上一年度门店资产负债表的“以前年度利润”+上一年度门店资产负债表的“当年净利润”

⑧当年净利润见该门店损益表中的净利润栏，把净利润的数值填入当年净利润的年末数栏目内。

⑨所有者权益合计。所有者权益合计=股东资本+以前年度利润+当年净利润。

⑩负债及所有权益合计。负债及所有权益合计=负债合计+所有者权益合计。

当左右栏两边都计算完毕后，应该检验资产合计数与负债及所有者权益合计数是否相等。如果相等，则说明资产负债表编制正确；如果不相等，则说明中间环节存在错误，此时一定要有耐心，要逐个检查数据，复核盘面，排除错误，确保真实无误，才算完成报表的编制。

（二）总部报表

总部报表的结构与门店报表的结构大体相似，但在内容上略微复杂一些。在编制

报表前，首先要计算出总部的营业费用和管理费用。

1. 年末营业费

年末营业费用，如表 2. 11 所示。

表 2. 11　总部年末营业费用　　单位：元

运输费	广告费	大卖场上架费	代理商返点	大卖场返点	其他	营业费用合计

（1）运输费，包含了由总部支付的全年的运输费用，读取盘面总部运营区（最上面一排）运输费用栏目中的现金筹码，并记入运输费对应的栏目中。

（2）广告费，是指总部在年初任务中支付的广告宣传费，读取盘面总部运营区（最上面一排）广告费栏目中的现金筹码，并记入广告费对应的栏目中。

（3）大卖场上架费，是总部向大卖场以租赁方支付的上架费，读取盘面总部运营区（最上面一排）大卖场上架费栏目中的现金筹码，并记入大卖场上架费对应的栏目中。

（4）代理商和大卖场返点，是指当这两种门店全年的销售额达到一定数量后，公司总部需要向分销商支付一定的返点。返点可读取盘面总部运营区（最上面一排）返点栏目中的现金筹码，并记入代理商和大卖场返点对应的栏目中。

（5）其他费用，是指其他除上述项目发生的费用，例如罚款等费用。

（6）营业费用合计。营业费用合计=运输费+广告费+大卖场上架费+代理商和大卖场返点+其他。

2. 年末管理费

年末管理费，如表 2. 12 所示。

表 2. 12　总部年末管理费用　　单位：元

项目	金额
行政管理费	
仓库租金	
市场开拓费	
折旧费	
维护费	
其他	
合计	

（1）行政管理费是一个固定数值，每个季度 1M，全年 4M。其具体数值也可读取盘面总部运营区（最上面一排）行政管理费中的现金筹码，并记入行政管理费对应的栏目中。

（2）仓库租金，读取盘面总部运营区（最上面一排）租金栏目中的现金筹码，并记入仓库租金对应的栏目中。

（3）市场开拓费，是指在年末任务中产生的市场渠道开拓费用。读取盘面总部市场渠道开拓区中所有栏目的现金筹码并累计，把累计后的数值记入市场开拓费对应的栏目中。

（4）折旧费，是指自建仓库每年发生的折旧费用。读取盘面总部运营区（最上面一排）折旧栏目中的现金筹码，并记入折旧费对应的栏目中。

（5）维护费，是指自建仓库每年发生的维护费用。读取盘面总部运营区（最上面一排）维护费栏目中的现金筹码，并记入维护费对应的栏目中。

（6）其他，是指其他除上述项目发生的费用，例如罚款等费用。

（7）合计。管理费用合计=行政管理费+建筑租金+渠道建设费+折旧费+维护费+其他。

3. 总部损益表

公司总部损益表与门店的损益表结构类似。其详细内容如表 2. 13 所示。

表 2. 13　总部损益表

项目	去年	今年
一、主营业务收入		
减：主营业务成本		
二、主营业务利润		
减：营业费用		
管理费用		
财务费用		
三、营业利润		
加：营业外净收益		
四、利润总额		
减：所得税		
五、净利润		

（1）总部的主营业务收入可通过“总部分配记录表”中数值计算得出，是公司总部销售给各门店的收入总和。

（2）总部的主营业务利润=主营业务收入-主营业务成本

总部的主营业务成本是指总部本年度采购商品支付货款的总额。该项目可根据今年总部已成交的采购订单计算得出。

（3）营业利润=主营业务利润-营业费用-管理费用-财务费用

总部的营业费用通过前述的年末营业费用表中的数据计算得出，即

总部营业费用=“年末营业费用”表的中“营业费用合计”数

总部的管理费用通过前述的年末管理费用表中的数据计算得出，即

总部管理费用=“年末管理费用”表的中“管理费用合计”数

总部的财务费用主要是指利息，通过读取盘面总部财务区最上面一排的利息栏目中现金筹码即可。

（4）利润总额=营业利润+营业外净收益

营业外净收益一般是指通过其他方式获得收入，例如奖金等。

（5）净利润=利润总额-所得税

所得税=利润总额×25%

如果利润总额为负值，则说明出现亏损，所得税记为0。

4. 总部资产负债表

公司总部的资产负债表内容多于门店的资产负债表的内容。其具体内容如表2.14所示。

表2.14　总部资产负债表

资产	年初数	期末数	负债及所有者权益	年初数	期末数
流动资产：			负债：		
现金			短期负债		
应收账款			应付账款		
在途商品			应交税金		
库存商品			长期负债		
流动资产合计			负债合计		
长期投资					
固定资产：			所有者权益：		
土地净值			股东资本		
房屋净值			以前年度利润		
在建工程			当年净利润		
固定资产合计			所有者权益合计		
资产总计			负债及所有者权益总计		

资产栏包括流动资产、长期投资和固定资产。这三项资产之和构成了资产总计。负债及所有者权益栏由负债和所有者权益两项组成。总部资产负债表上的年初数直接读取上一年度资产负债表的年末数即可，这里所介绍的是当年总部资产负债表的年末数的操作流程。具体如下：

（1）流动资产又分为现金、应收账款、在途商品和库存商品。其中：

①现金，读取总部现金池内的现金筹码。

②应收账款，读取总部应收账款栏中的现金筹码。

③在途商品，是所有类别的在途商品的价值总和。

在途商品价值=在途商品数量×商品采购价

在途商品可通过读取盘面处于采购运输途中的商品数量获得。对于仓库配送环节的在途商品，如果是发往专卖店或大卖场的商品，因为出库的时候已经挂了应收款，因此无须计算在途商品；如果是发往代理点的商品，因为出库没有挂应收款，则这个部分商品应该计入在途商品的价值。

④库存商品。库存商品=库存商品数量×商品采购价，是总部仓库中所有类别的库存商品的价值总和。

流动资产合计=现金+应收账款+在途商品+库存商品

（2）长期投资，是指总部投资专卖店的投资总额。由于代理店和大卖场是通过银行贷款进行建设的，因此不算做公司总部的长期投资。

（3）固定资产，包括土地净值、房屋净值和在建工程三项。

在本实验中，固定资产均指自建仓库的情况。其中：

①土地净值，读取盘面自建仓库上方的筹码即可。

②房屋净值，读取盘面自建仓库下方的筹码即可。

③在建工程，是指正处于建设期还未投入使用的仓库建筑。这个数值就是建设该仓库投入的建设费用。

固定资产合计=土地净值+房屋净值+在建工程

资产总计=流动资产合计+长期投资合计+固定资产合计

（4）负债。负债由短期负债、应付账款、应交税金和长期负债四部分组成。

①短期负债，读取盘面总部财务区短期负债栏的红色筹码即可。

②应付账款，读取盘面总部财务区应付账款栏的红色筹码即可。

③应交税金，读取公司总部损益表中的“所得税”一栏数据即可。

④长期负债，读取盘面总部财务区长期负债栏的红色筹码即可。

负债合计=短期负债+应付账款+应交税金+长期负债

（5）所有者权益。所有者权益包括股东资本、以前年度利润和当年净利润三部分。其中：

①股东资本，是公司成立时由股东投入的资本总额，其是一个固定数值，只要出资额确定了，这个数值就不会改变（在本实验中，这个数值为82M）。

②以前年度利润是个累计值。年末数的以前年度利润=年初数的“以前年度利润”+年初数的“当年净利润”

③当年净利润，读取公司总部损益表中“净利润”一栏的数据即可。

④所有者权益合计=股东资本+以前年度利润+当年净利润

⑤负债及所有者权益总额=负债合计+所有者权益合计

负债及所有者权益总额必须与资产负债表左边的资产总计数值相等。如果相等，则说明资产负债表编制正确；如果不相等，则说明中间环节存在错误，此时一定要有耐心，逐个检查数据，复核盘面，排除错误，确保真实无误，这样才算完成报表的编制。

【课后思考】

1. 商业企业常见的组织结构有哪些？
2. 影响组织结构设计的因素有哪些？
3. 简述人员配备的基本要求和内容。
4. 公司战略制定的宏观环境分析有哪些？
5. 公司战略制定的微观环境分析有哪些？
6. ERP商业沙盘盘面的构成包括哪些内容？

【课堂实训】

一、实训分组

每组6~8人。

二、实训目的

（1）了解商业企业的特点和设立流程。

（2）掌握商业企业组织的构建。

三、实训要求

实训前认真复习，熟练掌握有关概念和知识。

实训项目一

组建模拟公司，实训内容包括：

（1）自由分组，每组6~8人。

（2）确定公司名称及其含义。

（3）确定公司所属类型、经营范围。

（4）确定公司经营的主要商品及其理由。

（5）确定公司经营商品的主要目标客户群体。

（6）确定公司组织结构，画出组织结构图。

小组讨论后，随机抽取3~5组进行课堂汇报。

实训项目二

根据实训项目一各小组组建的模拟公司，进行公司的CIS设计。设计内容包括以下三项：

（1）MIS设计。公司精神与理念设计。小组成员根据目标要求，共同商讨，达成一致，用精神和理念指导行为。公司精神指公司员工应具有的态度、思想境界和理想追求。它是公司的精神风貌和公司风气的一种体现。公司精神的确定要反映公司的特点，突出小组的风貌，凝聚团队的士气。公司理念要简单，突出公司的追求与方向。

（2）BIS设计。制度是公司运营的法规性保障，没有制度，公司就无法经营。制度的制定必须突出两点：一是约束，二是激励。制度的确定还必须考虑模拟公司所在市场的特点。规定员工的各项工作职责非常重要！

（3）VIS设计。公司形象要给人以视觉的享受，突出品牌特色，公司形象设计包括公司标志、标准字、标准色等的设计。

项目三　企业经营管理商业沙盘模拟实训规则体系

■知识目标

掌握企业经营管理商业沙盘模拟实训规则体系。

■能力目标

利用企业经营管理商业沙盘模拟实训规则体系进行课堂实训，培养学生经营管理实际操作能力。

任务一　实训通用规则

一、产品

（一）产品的分类与定位

商业企业经营实战演练过程中，要向市场中提供四种产品，分别为：产品 Beryl，简称 B；产品 Crystal，简称 C；产品 Ruby，简称 R；产品 Sapphire，简称 S。其中，B 属于低端产品，C 属于中端产品，R 属于中高端产品，S 属于高端产品，见图 3.1。

（二）产品销售与门店档次的对应关系

门店的类型一共有四种：专卖店、代理店、大卖场和 e 门店。除 e 门店以外，每一种门店分为三种不同的档次，即高端、中端和低端。不同档次的产品销售与门店的类型无关，而只与门店的档次有关。任何一种门店都可以销售四种产品，具体销售什么产品由门店的档次决定，即低端门店可以销售 B、C，中端门店可以销售 C、R，高端门店可以销售 R、S，见图 3.1。

产品定位：

	低端	中端	中高端	高端
产品	Beryl	Crystal	Ruby	Sapphire

门店档次：

▪门店分高端、中端、低端

▪门店档次与所销售的产品种类：

	低端	中端	高端
门店	Beryl Crystal	Crystal Ruby	Ruby Sapphire

图 3.1　产品定位与门店档次

（三）产品的价格

1. 产品的定价

产品的价格分为三种：采购价、进货价和销售价。其中，采购价是指总部对供应商的采购价格；专卖店进货价、代理店进货价、大卖场进货价是指这三种门店对总部的采购价；建议零售价是经营规则给门店的建议零售价，实际销售的价格不得低于建议零售价并且不得高于建议零售价的两倍。e 门店的价格为东部市场零售价的八折，见图 3.2。

2. 产品价格与市场需求的关系

不同产品的销售随时间的变化而变化。一般而言，低端产品属于大众消费品，其价格低廉，销售量大，市场容量保持相对稳定，且产品的销售量与价格的变化关系密切。高端产品属于奢侈品，其价格昂贵，销售量小。中端产品与中高端产品介于低端产品与高端产品之间，其特征是销量的变化呈现一定的周期性，随着时间的变化市场容量稳步扩大，在某一个年度达到高峰后，再逐年递减，见图 3.2。

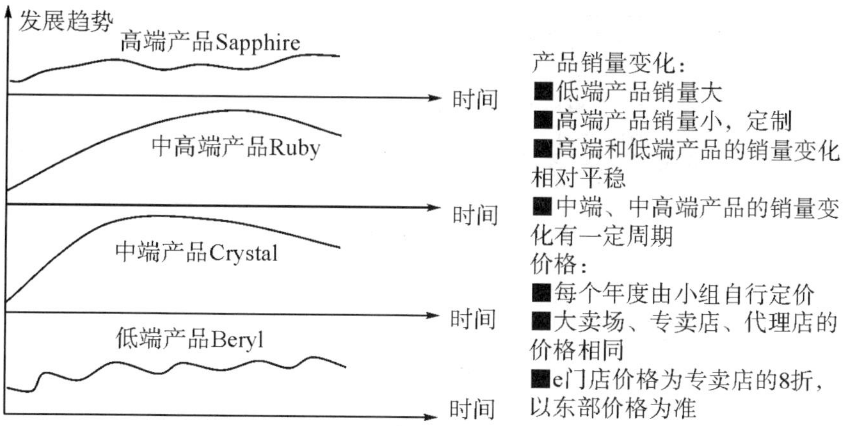

	Beryl	Crystal	Ruby	Sapphire
采购价	1M	3M	4M	5M
专卖店进货价	4M	6M	9M	18M
代理店进货价	3M	5M	8M	15M
大卖场进货价	2M	4M	6M	12M
标准售价	5M	10M	15M	30M

图 3.2　产品价格与市场需求变化

二、门店

(一) 门店的投资与费用

门店的类型一共有三种：专卖店、代理店、大卖场和e门店。除e门店以外，每一种门店分为三种不同的档次，即高端、中端和低端。不同类型、不同档次的门店的投资费用与运营费用是不一样的，其投资的方式与建设的周期也存在差异。

专卖店属于直销，其投资方式是由公司总部直接投资，投资款项计入长期投资。代理店和大卖场属于分销体系，其投资方式是由门店向银行贷款，计入长期贷款。代理店的长期贷款期限最长为两年，大卖场的长期贷款期限最长为四年。另外，三种门店的建设周期也存在差异。专卖店的建设周期为一个季度（1Q），本季度投资建店，需要下一季度才能开张营业。大卖场的建设周期为两个季度（2Q），本季度投资建店，需要在下下个季度才能开张营业。代理店没有建设周期，建设完成就可以开张营业。三种门店的建设周期的差异要求我们在执行年初任务时，一定要合理地筛选订单，安排采购订单的下达、仓储运输的调配、门店的投资建设等环节，尽量做到统筹安排、降低成本、提高利润，见图3.3。

门店的运营费用应在每年年底执行年末任务的时候支付。而门店的租金则在执行季度任务的时候进行支付。当门店处于建设期可以不支付租金，只有当门店处于营业状态时可以支付租金，见图3.3。

门店投资规则：

类型	投资方式	投资额			建设周期	转让费
		低端	中端	高端		
专卖店	总部长期投资	20M	30M	40M	1Q	5
代理店	银行贷款(2Y)	20M	30M	40M	-	2
大卖场	银行贷款(4Y)	50M	50M	50M	2Q	10

总部支付大卖场上架费：4M/年，在商品进入大卖场时支付上架费
操作：总部现金4个放入大卖场现金，同时用4个红色的1M放在上架费上体现

门店费用：

类型	运营费(/年/家)			租金(/家/季)
	低端	中端	高端	
专卖店	5M	10M	15M	2M
代理店	5M	10M	15M	2M
大卖场	20M	20M	20M	4M

门店租用时，当期就应支付租金
门店建成时，才支付运营费用

图3.3 门店投资规则与费用

(二) 门店的返点与配货限制

不同类型的门店销售量不同，给总部做的贡献不同。其中，代理店的销售量达到50M时，总部将按销售额超出量的5%返还给专卖店；大卖场的销售量达到100M时，总部将按照销售额超出量的5%返还给大卖场，见图3.4。

由于门店的大小会受到限制，一般情况下，每种门店都有限制的存货量。专卖店存货4个，代理店存货4个，大卖场存货8个。当门店的存货超出限制量时，门店就应该缴纳超量保管费，按照每批4个计算，每批每个季度缴纳2M，费用由门店支付，见图3.4。

返点：

类型	给总部的贡献	返点(按超出量算)
专卖店	—	—
代理店	>=50M	5%
大卖场	>=100M	5%

门店存货限制：

类型	存货限制
专卖店	4个
代理店	4个
大卖场	8个

超量保管费：每批4个，每批2M/季，门店支付

图 3.4　门店返点与门店存货限制

三、订单

（一）订单的获取规则

决定订单的获取因素主要有四个：广告费、门店的投资额、上一年度的销售收入和商品价格。这四个因素在订单竞标总分中占有不同的权重，见表 3.1。

1. 每年度必须进行广告宣传、对产品报价、统计已建成的门店数；

2. 无广告投入不能拿到订单；

3. 无门店不能拿到订单：进入新市场，必须至少先建一个门店，同时在直销/分销开拓上体现，专卖店-直销开拓，代理店/大卖场-分销开拓；

4. 对某个产品报价，才能拿到订单。

表 3.1　订单获取权重

	广告投入（20%）	销售收入（40%）	店面数（20%）	价格（20%）
第一名	40	40	40	40
第二名	30	30	30	30
第三名	15	15	15	15
第四名	10	10	10	10
第五名	3	3	3	3
第六名	2	2	2	2

（二）订单竞标顺序

各个地区、各种商品的订单竞标排名确定以后，就进入订单竞标环节。订单竞标的顺序为，按某商品的公司排名顺序选单，先进行第一轮选单，每一个公司每一次选择一个订单。公司选定第一轮以后，再进行第二轮选单，第二轮选单顺序与第一轮一样，也是按公司的排名顺序来进行选择。选完以后再进行第三轮，以此类推，直到所有订单全部选择完毕或者所有公司放弃选单为止。在选单过程中，如果公司不需要，

可以选择放弃。

（三）市场投标单

年初经营班子对产品广告费的投放、门店的建设方案以及产品价格作出决定后，应该填写“市场投入单”并上交给教师，并将其作为参与市场投标的正式文件。“市场投入单”分东部、南部、北部、西部以及e门店五个区域，各公司按年度提交。

第一年除东部市场，其他市场均处于开拓期。首先是广告费，B、C、R、S四种商品的广告费用确定后，应该填写在对应商品的广告栏目内，一种商品对应一个广告投入。如果放弃销售某种商品，则该产品对应的广告费栏目空白即可。其次是价格，一种商品对应一个价格。每种商品的价格确定好以后应分别填入对应的价格栏目里。如果放弃销售某种产品，则该产品对应的价格栏也可不填。最后一个参数是门店投资数量。这是一个累计数，即已经开业的门店数量。其分别对应三个门店：专卖店、代理店和大卖店，每种门店又分别对应高端、中端和低端三种档次。把已开张的门店数量填入对应的数量栏目。完成以上三个步骤后，当年的“市场投入单”就算完成了。

第二年除东部市场以外，增加了南部市场和e门店。南部市场与东部市场的投入单内容填写是完全相同的。e门店需要填写四种产品的网上直销广告费，价格按照东部市场的八折填写。

第三年、第四年、第五年的“市场投入单”的详细内容分别见表3.2、表3.3。其中，第三年增加了北部市场，第四年增加了西部市场。

广告投入单：

（1）普通店面投入单

表3.2 普通门店投入单

第一年	东部			
	Beryl	Crystal	Ruby	Sapphire
广告				
	大卖场	专卖店	代理店	
店面数				
	Beryl	Crystal	Ruby	Sapphire
价格				

（2）网上直销广告投入

表3.3 电商广告投入单

第一年	网上直销			
	Beryl	Crystal	Ruby	Sapphire
广告				

（四）订单交货和结算规则

每年年初，各公司须递交市场投入单并参加订单竞标。对于竞标获得的订单，按照订单交货期执行订单交货并获得经营收入。如果到期不能执行订单交货，则该订单作废，每张订单按订单金额的20%缴纳罚款，不足1M的，按1M计算。

门店执行订单并收取货款后，需要与总部进行结算。专卖店和大卖场由于在进货时向总部挂应付款，因此，订单销售后，需要按订单数量向总部冲应付款。公司总部也相应冲销该门店的应收款。代理店由于是现款现货，在进货时就支付了货款，因此销售商品后不需要再进行结算，见图3.5。

调货规则：

- 不同类型门店之间禁止调货
- 可跨区域调货(同类型门店)，运输周期比正常周期多1Q

订单交货：

- 每年年初拿订单，按照交货期交订单
- 不能按时交货的，取消订单，每张订单罚款2M
- 每个季度，e门店在交货后不能有库存

结算：

- 门店交货后直接提取现金

类型	收货处理	结算时间
专卖店	收货时挂应付帐，出售后结算	卖多少结算多少
代理店	收货时现金结算	收货时
大卖场	收货时挂应付帐，出售后结算	卖多少结算多少

图3.5　订单交货和结算规则

四、运输

商品从采购到销售的流程中，一共要经历两次运输环节：一次是采购运输（入库运输），是从供应商处采购商品后运输到仓库的过程；另一次就是配送运输（出库运输），是从总部仓库出库运输到门店仓库的过程。

货物的运输方式共有三种，分别是：飞机运输、汽车运输、火车运输。三种运输方式各有其优缺点：①空运的优点是没有运输周期，当期起运，当期到达；缺点是运输量小，运费高昂。②铁路运输：优点是运输量大，运费低廉；缺点是运输周期在三种运输方式中最长。③陆运是使用最普通的运输方式，其优点是运输周期、运输量和运费都介于空运和铁运之间。

三种运输方式中，空运要尽量避免使用，只有在不使用空运就无法交单的情况下才使用。铁运则相反，能用铁运尽量用铁运。但由于铁路运输周期长，如果再加上商品采购周期，商品从订单到门店交货要经历一个很长的过程，个别情况甚至跨年，因此使用铁路运输一定要统筹考虑，仔细计算，稍有不慎就会出现延误交单而面临罚款的状况。陆路运输是使用最多的运输方式，其运量、运输周期和运费都比较适中，适合各种货物运输，保证订单执行，见图3.6。

运输批量与费用：

类型	运输批量	运输费用/批	跨区域运输/批
飞机	2个	4M	4M
汽车	4个	2M	3M
火车	8个	1M	2M

运输周期：

类型	采购运输时间	配送运输时间	跨区域调拨
飞机	0Q	0Q	0Q
汽车	1Q	1Q	2Q
火车	2Q	2Q	3Q

图 3.6　物流规则图

五、仓储

总部仓库的容量一般有三种规格：10、20、30。每种规格的仓库存储货物的数量不能超过仓库规定的容量，否则就无法入库，需要租用新仓库来存放。门店的仓库也有库存容量的限制。

（一）仓库建设规则

仓库有两种建设方式：一种是公司自行投资建设，比如，现有的东部仓库。另一种是租用仓库，每季度支付租金。自建仓库的优势是仓库为公司自有财产，不需要支付租金，运营费用低，劣势是初期投资大，需要购买土地再建设，自建仓库需要一定的建设周期，同时在每年年末需要支付维护费和计提折旧。租用仓库的优势是没有建设周期，即租即用，每个季度只需要支付仓库租金和维护费，不需要支付折旧费，同时在没有存货的时候可以停止租用，节省租金，等到有货物入库时再租用，方便灵活。因此，租用仓库的方式最为普遍。

（二）跨区域调货规则

一般情况下，东部仓库只能向东部市场配货，南部仓库只能向南部市场配货，以此类推。但在某些特定的情况下，需要跨区域调货，比如东部仓库向南部市场配货。如果出现跨区域仓库调货，则运输周期要发生变化，运输费也相应要增加。从图 3.8 中可以看出，空运方式的跨区域运输费和运输周期没有变化，而陆运方式和铁运方式的跨区域运输费和运输周期都相应增加了 1M 和 1Q。

跨区域调货还存在不同区域之间的门店调货。首先不同类型之间门店不允许调货，比如，东部专卖店不允许向南部大卖场和代理店调货，只允许向南部专卖店调货。除此之外，跨区域门店调货的运输规则与跨区域仓库调货的运输规则是一致的，见图 3.7。

仓储中心建设：

容量（个）	建设周期	价值	折旧	维护费/年	租金/季度
10	1Q	10M	按10年平均折旧	1M	2M
20	2Q	20M		2M	3M
30	3Q	30M		3M	4M

仓储租用后即可使用，不包含建设周期；当期租用，当期支付租金
租用仓库也需要交纳维护费
建仓库：须先买土地，再建设

仓储中心土地费用：

类型	购买价
东部	30M
南部	25M
北部	20M
西部	15M

图 3.7　仓储规则

六、渠道

公司在经营过程中，除了原本东部市场已经建立了市场销售渠道以外，南部市场、北部市场、西部市场和网上直销（e门店）都需要经营者自己去开拓。各区域市场的销售渠道建设期各不相同。其中南部市场建设周期为1年，开拓费用为1M；北部市场建设周期为2年，开拓费用为2M；西部市场建设周期为3年，开拓费用为3M；网上直销（e门店）建设周期为1年，开拓费用为1M。

市场渠道建设分为直销渠道和分销渠道的建设。直销包括专卖店和网上直销，分销包括代理店和大卖场。如果想在某个区域建设专卖店和网上直销就需要直销开拓；如果想经营代理店和大卖场就需要分销开拓，分别在教具上体现。直销和分销销售渠道的费用分开计算，见图3.8。

直销渠道：

类型	建设周期	开拓费用
东部	—	—
南部	1Y	1M
北部	2Y	2M
西部	3Y	3M
网上直销	1Y	1M

分销渠道：

类型	建设周期	开拓费用
东部	—	—
南部	1Y	1M
北部	2Y	2M
西部	3Y	3M

图 3.8　渠道建设规则

七、贷款

公司在经营过程中，由于市场的不断开拓，经营规模也随之不断扩大。因此，仅靠公司现有资金进行运营显然是不够的。因此，适度的向银行借款，举债经营是一条行之有效的发展之路。向银行借贷，必然要遵循银行的贷款规则。银行贷款分为长期贷款和短期贷款，长期贷款是指借贷时间在一年以上的贷款，短期贷款是指贷款期限不超过一年时间的借贷。

ERP 沙盘中的银行贷款规定，长期贷款最高期限不得超过四年，利息为本金的10%，每年年底支付利息，到期归还本金。短期贷款以季度为单位，利息为本金的5%，到期一次性还本付息。向银行借贷必须遵循一个限制条件，即长期贷款和短期贷款的总额不能超过公司上一年度所有者权益的两倍。如果企业出现特殊情况，短期需要贷款，还可以向银行申请高利贷，高利贷的期限不能超过一年，利息为 20%，到期还本付息。所以，在企业的经营中，考虑到企业经营的成本，应尽可能地不要选择高利贷。见图 3.9。

贷款规则：

类型	利息	期限	限制条件
高利贷	20% (到期还本金，支付利息)	最长4Q	与银行协商
短贷	5% (到期还本金，支付利息)	最长4Q	总部：(长贷＋短贷)<=上一年所有者权益2倍 代理店/大卖场： (长贷＋短贷)<=(初期贷款额+上年权益)×2
长贷	10% (每年年底支付利息)	最长四年	

专卖店不能进行短贷、长贷；
代理店、大卖场根据所有者权益的大小，
可以进行短贷、长贷；

贴现比例：1/10

图 3.9　贷款规则

八、采购

商品的采购统一由公司总部负责。不同的商品具有不同的采购期。其中 B 产品的采购期为 0Q，表示 B 产品不需要采购周期，只需要采购订单就能当期交货。C 产品和 R 产品的采购周期都为 1Q ，表示这两种产品的采购周期是一个季度。本季度下采购订单后，需要在下一个周期才能交货。S 产品的采购期为 2Q，表示 S 产品的采购期是两个季度，即本季度下采购订单后，需要在下下一个周期才能交货。理解清楚不同的产品的采购周期对于计算产品的销售订单是否能如期执行非常重要。见图 3.10。

采购规则：

采购量	付款期限
<=4	现金
5-8	1Q
9-12	2Q
13-16	3Q
>=17	4Q

采购提前期：

产品	Beryl	Crystal	Ruby	Sapphire
提前期	—	1Q	1Q	2Q

图 3.10　采购规划

任务二　特殊规则

一、组之间的订单交易

组和组之间可以进行订单交易，交易价格自行协商。

操作：

1. 交易费用从受益门店的现金中支付。
2. 记账：费用记在受益门店的损益表，“成本”项。

二、组之间的产品交易

组和组之间可以进行产品买卖，交易价格自行协商。

仓库的产品只能买卖到对方仓库。

门店的产品只能买卖到对方相应地区的门店，两个组的门店类型不同，也可以买卖。

三、倒闭的判定

总部：所有者权益≤0

专卖店：所有者权益≤0

四、门店清盘/关闭处理

（一）专卖店关闭

1. 先整理出专卖店的报表，包括亏损利润；
2. 专卖店的现金放回总部；
3. 专卖店的商品返运回总部仓库，运费支付；
4. 专卖店应付账款清理；

5. 总部坏账亏损：专卖店初期投资额-（专卖店盘面现金+专卖店现有商品进货价值-专卖店应付账）-专卖店现有商品按采购价计算价值 30 -（18+12-12）-6 =6；
6. 总部记账：损益表，“营业外净收益”记亏损为负数；
7. 总部长期投资拿掉对应的初期投资标识，总部取消该门店的应收账款；
8. 该专卖店这批商品不计入总部的销售额。

（二）代理店/大卖场关闭：

1. 先整理出代理店/大卖场的报表，包括亏损利润；
2. 代理店/大卖场的现金、商品放回总部，亏损算作总部；
3. 代理店/大卖场当期的利润亏损用于计算总部当年的市值。

五、贷款限制

1. 总部贷款限制：（长贷+短贷）≤上一年所有者权益×2；
2. 专卖店不能贷款，所有资金来源于总部；
3. 代理店/大卖场贷款限制：（长贷+短贷）≤（初始贷款额+上一年所有者权益）×2。

六、订单取消

当订单不能按时交货，则取消订单并罚款。罚款从总部出（因订单是总部统一争取的；而且一个地区同类型门店可能为多个，不能区分出具体是哪一个门店的订单，故不由门店支付罚款）。

七、新建仓库/卖仓库

1. 建设：须先购买土地，然后再建设；
2. 出售：土地连同仓库价值一起出售。

八、仓库租用

1. 开始租用仓库时，就开始交租金；
2. 租用仓库也必须缴纳仓库维护费。

九、一旦开始建门店，就不能更改类型、地区、档次

十、建店贷款

建立代理店/大卖场时，采用长期贷款。

十一、店面租金

开始决策建店时，就开始交租金。

十二、店面运营费

1. 店面建成之后，才开始缴纳门店运营费用；
2. 运营不满一年，按照实际运营期限折算费用。

十三、店面容量超过处理

容量限制：专卖店 4，代理店 4，大卖场 8；

如果配送出问题，造成店面容量将超过，商品不允许进店，应先保存在物流处，保管费用：4 个一批，每批 2M/季。等门店容量有空之后，才可以进店，门店支付保管费用。

十四、建店和市场开拓可同时进行

1. 如果在新地区建立门店（每个季度内），直销和分销的开拓费必须在年末体现；

2. 建代理店/大卖场，体现为“分销开拓”；建专卖店，体现为“直销开拓”；

3. 如果要争取新市场的订单，年初在该市场至少要有一个门店，否则无法拿到订单。

十五、e 门店

1. 直销开拓：网上直销投入 1M，表示建立一个电子商务网站，在市场投入单上填写 e 门店数量为 1；

2. e 门店的优势：没有运营费，总部直接销售，收入归总部；仍需要从仓库配送，e 门店与仓库地区不同，要跨区域运输。

十六、大卖场上架费体现

1. 从总部的现金中拿出现金，放到大卖场的现金中；

2. 拿红色的 1M 作为标识，放在盘面顶部“大卖场上架费”；

3. 从商品开始进入大卖场之后，就应支付大卖场上架费。

十七、专卖店与总部资金往来

1. 专卖店资金不够，可从总部借用，记录为专卖店的应付款，总部的应收款。收款期限双方协商。

2. 总部可以抽取专卖店的资金，记录为总部的应付款，专卖店的应收款。收款期限双方协商。

十八、报表主要说明

1. 总部损益表

主营业务收入：进入门店的商品就计算销售收入，按门店进货价计算（来源：上一年配送记录中未入库的商品，本年配送记录中已入库商品）。

主营业务成本：进入门店的商品才计算成本，按总部采购价计算。

2. 资产负债表

在途商品：采购环节、配送环节的商品，按进货价计算。

长期投资：对应专卖店的总投资。

在建工程：仓库在年末时，处于建设中，还没有使用。

应缴税金：数据取自当年的总部损益表，而不是盘面顶部的税金。

年末以前年度利润=年初的（当年净利润+以前年度利润）。

年末当年净利润= 当年的总部损益表中“净利润”。

十九、竞赛规则强调

1. 必须严格按照规则运作，每发现一次违规，处以 2M 的罚款。

2. 必须按照操作顺序进行，不能私自修改顺序，每发现一次违规，将处以 3M 的罚款。

3. 银行贷款必须和银行协商，不能私自贷款，或者延长贷款期限。每发现一次违规，将处以 3M 的罚款。

4. 在规定时间内完成报表，如果超时：

1~5 分钟罚款 2M；

5~10 分钟罚款 4M；

10~20 分钟罚款 8M；

大于等于 20 分钟罚款 12M。

5. 账目不平，强行平账，罚款 5M。

6. 采购商品必须先下采购订单。

7. 年初广告投入不能超过盘面的现金。

8. 报表先提交到柜台审核，审核完成后再上报。

9. 门店容量不能超，仓库容量不能超。

【课后思考】

1. 企业经营管理商业沙盘模拟实训通用规则有哪些？

2. 企业经营管理商业沙盘模拟实训特殊规则有哪些？

项目四 企业经营管理商业沙盘模拟实训策略

■知识目标

1. 理解商业企业常用的市场竞争策略。
2. 理解并掌握目标市场战略。
3. 掌握市场营销组合策略。
4. 掌握企业财务战略。

■能力目标

1. 培养学生具有市场营销的基本的能力。
2. 培养学生能够分析和解决组织中的实际营销问题的能力。
3. 学会营销知识，有意识地提升营销素质和技能。

20 世纪 50 年代以来，由于资源的日益短缺，企业之间的竞争日益激烈，企业开始引入战略管理以适应生存环境的不确定性，从而进一步提高自身的竞争能力。战略管理用于解决最大的挑战，即生活在不确定的环境中，如何面对变化、适应变化、把握变化。

任务一　企业市场竞争策略

一、竞争市场中的企业类型

处在激烈竞争的市场环境中的企业，都必须树立正确的市场竞争观念，了解市场上竞争对手的策略、优劣势，制定正确的市场竞争战略，才能取得竞争主动权。

对于竞争者的识别往往不仅要从产业角度来识别，还需要从需求角度来识别。从根据企业市场占有率、市场影响力、市场地位等因素，可把企业分为 4 种类型。

（一）市场领导者

市场领导者是指占有最大的市场份额，在价格变化、新产品开发、分销渠道覆盖面和促销强度等方面对行业内其他企业起着领导作用的企业。如国外饮料行业的可口可乐、美国汽车行业中的通用公司，剃须刀行业的吉列公司，电脑软件业的微软公司以及快餐行业的麦当劳公司等；国内电视机行业的长虹集团、电冰箱行业的海尔、计算机行业的联想、微波炉行业的格兰仕等都属于此类企业。市场领先者的行为在行业中具有优势。市场领导者为保持其市场上的领先优势，维护其市场地位，通常采取三种策略：一是扩大市场需求总量；二是保护现有市场占有率；三是提高市场占有率。

1. 扩大市场需求总量

当一种产品市场需求量扩大时，受益最大的是处于领先地位的企业。一般来说，市场领先者通常通过发现新客户来开辟产品新用途、增加使用量来扩大其市场总需求。市场领导者扩大市场需求量的有效途径有发掘新的使用者、发现产品的新用途和刺激使用者增加使用量三种方式。

2. 保护市场占有率

市场领先者总是处于被挑战的地位，必须时刻提防竞争者的挑战。例如可口可乐公司要提防来自百事可乐的竞争，柯达要提防富士的挑战。这些挑战者都具有很强的竞争实力，市场领先者一不小心就可能被取而代之，所以主导企业要时刻具有忧患意识，不能满足于成功的现状，要在产品创新、服务水平、分销渠道、降低成本等方面不断努力，以保持强大的竞争实力。同时，要针对竞争对手的弱点主动出击。如果市场领先者不采取主动出击的策略，就必须严守阵地、填补空白，不给竞争对手可乘之机。采取这种战略需要付出很大的成本，但放弃一个空白市场带来的损失可能更大，当年的美国通用汽车不屑于占领小型汽车市场，结果被日本汽车企业乘虚而入，造成巨大损失。因此，市场领先者必须善于准确地辨认哪些是值得防守的市场，哪些是风险比较大可以放弃的市场，进而集中防御力量。

3. 提高市场占有率

市场领先者设法提高市场占有率也是保持其竞争地位的重要途径。市场占有率越高，企业的投资收益率就越高，其市场的影响能力就越大。统计表明，市场占有率超过40%的企业平均收益率相当于市场占有率低于10%的企业的3倍。

因此，很多企业采取一些营销手段来提高企业的市场占有率，但是也要注意在一定时期内，市场的需求是有限的，要衡量付出的成本和利润回报之间的关系，而不是一味地提高市场占有率。

（二）市场挑战者

市场挑战者是指在市场上处于次要地位的企业。他们与市场领先者有一定的差距，但也具有较强的竞争力和较高的市场占有率。处于次要地位的企业可以采取两种策略：第一，争取市场领先地位，向市场领先者挑战。第二，安于现状，参与竞争但不扰乱市场局面，力求在共处的情况下取得更多的利益，做一个市场跟随者。企业要根据自身实力和环境，决定是采取挑战策略还是追随战略。

1. 选择进攻对象

市场挑战者可以选择市场领先者、市场挑战者、地区性小企业作为挑战对象。采取进攻市场领先者的策略，风险很大，但企业成功后，其市场地位、盈利状况都将得到根本的变化，具有很大的吸引力。挑战者往往需要细致地研究市场领先者的弱点和失误，结合这些条件和自身状况采取行动。选择进攻与自己势均力敌的市场挑战者或跟随者，可选择其中经营不善、竞争能力较弱的企业作为攻击对象。相对于挑战市场领导者，这种策略风险小，但是成功的收益也小。企业也可以选择一些地区性小企业发起进攻，尤其是那些经营不善、财务紧张的小企业，夺取它们的市场份额。挑战者首先要根据自己的实力、目标决定进攻的对象。

2. 选择进攻策略

在确定进行对象之后，挑战者还要考虑采取什么样的进攻策略。进攻策略包括正面进攻、侧翼进攻、围堵进攻、迂回进攻等。正面进攻就是集中全部资源向对手的主要阵地（市场）发起正面进攻，采取这种策略，挑战者在产品、价格、广告等方面要大大超过目标市场才能成功。侧翼进攻是一种集中优势力量进攻对手的弱点，即进攻者采取“声东击西”的策略，佯攻正面，实际攻击侧面或背面。侧翼进攻也是很有效的进攻方式，比正面攻击拥有更多的成功机会。围堵进攻是一种全方位、大规模的进攻策略，挑战者拥有优于对手的优势，并确信计划的完成能能够足以击垮对手时，可采取这种策略。迂回进攻是一种最间接的竞争策略，它完全避开对手现有的竞争阵地而迂回进攻，具体做法有 3 种：第一，发展无关的产品，实行产品多角化；第二，以现有产品进入新地区的市场；第三，发展新技术、新产品取代现有产品。

（三）市场跟随者

由于自身实力和需要承担的风险，使很多企业并不热衷于充当挑战者的角色，而是满足于作为市场跟随者。有专家研究认为，对企业来说，产品模仿有时比产品创新有利。因为对产品进行开发其投入是十分巨大的，且需要持续较长的时间，而跟随者只需要仿造或改良产品，就能获得可观的利润。在资本密集的同质产品行业中，如钢铁、石油、化工行业中，企业大多采取跟随者的策略。市场跟随者可根据不同的情形实施不同的策略组合。每个市场跟随者必须懂得如何稳定自己的目标市场，保持现有的顾客；努力争取新的消费者，创造自身独特的优势。市场跟随者不是盲目被动的跟随，要确定一个不会引起竞争性报复的跟随策略。通常有以下 3 种经常被采用的跟随策略。

1. 紧密跟随

紧密跟随（following closely）是指在各个细分市场和营销组合方面完全不进行创新，尽可能低效仿市场领导者。这种跟随者以借助先行者的优势开拓市场并寄生获利。值得注意的是紧密跟随者只要不从根本上危及市场领导者的地位，就不会发生直接冲突；如果发展为“仿造者”，生产冒牌产品危害市场领导者的名誉，则将遭受制裁。

2. 距离跟随

距离跟随（following at a distance）是指在产品、目标市场等主要方面模仿领导者，而在包装、广告和价格等方面又有所不同。这类跟随者如果不对领导者发起挑战，市场领导者是不会介意的。

3. 选择跟随

选择跟随（following selectively）是指对市场领导者的产品先接受，再加以改进，并选择其他市场进行销售，以避免与市场领导者发生直接冲突。这类跟随者通过改进并在别的市场发展壮大实力后，可能成长为挑战者。

尽管跟随战略不冒风险，但也存在明显缺陷。有关研究显示，只有市场份额排在第一和第二位的企业能够获得投资回报，而且市场份额排在第二位及以后的企业与第一位的企业在投资报酬率上差距较大。

（四）市场利基者

每个行业中都存在着规模较小的或者被大企业忽略的某些细分市场，这种有利的市场位置在西方称为“Niche”，通常译为“利基”。市场利基者是专门为规模较小的细分市场或者被大企业忽略的某些细分市场提供产品和服务的企业。

利基者能够获得高利润和快速增长的主要原因在于它们比其他企业更充分地了解和满足了某一细分市场的需求，并通过专业化经营提高了产品的附加值获得高毛利。作为市场补缺者，在竞争中关键是要设法寻找一个或几个这种既安全又有利的利基。

一个理想的利基市场应具有以下特征：①有足够的规模和购买力，能保证一定利润，并有增长潜力；②企业具备可为之提供有效的产品或服务所需的资源和能力；③对主要竞争者不具有吸引力；④企业在顾客中建立了良好的信誉，足以对抗竞争者的攻击。

市场利基者发展的关键是实现专业化，主要途径有：①最终用户专业化；②垂直专业化；③顾客规模专业化；④特殊顾客专业化；⑤地理市场专业化；⑥产品或产品线专业化；⑦产品特色专业化；⑧客户订单专业化；⑨质量价格专业化；⑩服务的专业化；⑪销售渠道专业化。

市场利基者是弱小者，他面临的主要风险是当竞争者入侵或目标市场的消费者习惯变化时有可能陷入绝境。因此，它的主要任务是：创造利基市场，扩大利基市场、保护利基市场。企业要不断地创造多种利基市场，而不是坚持单一利基市场。如果企业能在多种利基市场上发展，企业就避免了风险，增加了生存机会。

二、市场竞争新模式——战略联盟

20 世纪 80 年代以来，西方发达国家的企业，尤其是跨国公司面对日益复杂多变的经营环境和巨大的竞争压力，开始重新审视和调整企业间的竞争关系，纷纷从绝对的对立竞争走向大规模的合作竞争，其主要的形式之一就是建立企业战略联盟。战略联盟有助于促进技术创新；有利于防止过度竞争，避免经营风险；有利于打破贸易壁垒，开拓新市场；有利于实现规模经济。作为一种新的合作竞争模式，战略联盟已经成为现代企业强化其竞争优势的重要手段，并迅速在全球范围内兴起和发展。

1. 战略联盟的含义

关于战略联盟概念的界定，学术界还存在一定的分歧。一般认为，战略联盟是指由两个或两个以上的企业，处于对整个市场的预期以及对企业总体经营目标和经营风险的考虑，为达到共同拥有市场、合作研究与开发、共同使用资源和增强竞争优势等目的而制定的优势相长、风险共担的长期或短期合作协议。

2. 战略联盟的形式

（1）股权式战略联盟

股权式战略联盟是指涉及股权参与的合伙形式，又分为对等占有型战略联盟和相互持股型战略联盟。在对等占有型战略联盟中，合资生产和经营的项目分属联盟成员的局部功能，为了保证各自的相对独立性和平等地位，通常联盟合作企业各拥有 50%

的股权。相互持股型战略联盟通常是各成员之间通过交换彼此的股份而建立起来的一种长期合作关系。与合资、合作或兼并不同的是，相互持股不涉及设备和人员等要素的合并，仅持有少量股份。

（2）契约式战略联盟

契约式战略联盟是指借助契约建立的、不涉及股权参与的合伙形式，其以联合研究开发和联合市场行动最为普遍。契约式战略联盟最常见的形式主要包括：技术交流协议、合作研究开发协议、生产营销协议、产业协调协议。

相对于股权式战略联盟而言，契约式战略联盟更强调相关企业的协调与默契，从而更具有战略联盟的本质特征。契约式战略联盟无须组成经济实体，也无须长设机构，结构比较松散，协议本身在某种意义上只有无限制性的“意向备忘录”。在契约式战略联盟中，利益各方一般都处于平等和相互依赖的地位，并在经营中保持相对独立性。在利益分配上，各方可根据各自的情况，在各自承担的工作环节上从事经营活动，获取各自的收益。

契约式战略联盟虽具有较高的灵活性，但也有一些不足，如企业对联盟的控制能力差，松散的组织缺乏稳定性和长远利益打算，联盟内成员之间的沟通不充分，组织效率低下等。

（3）产品联盟

早期的联盟主要围绕产品进行，多见于石油勘探、天然气开采以及化工等领域，通常称为产品联盟。其目的在于降低投资费用和投资风险。当一个有产品或生产设想，却没有足够资金投资的小企业与其他企业一起，共同承担投资费用或组建一个较大的公司以筹措足够的资金开展投资，特别在产品风险较大，收益不确定时，产品联盟就会出现。

（4）知识联盟

知识联盟在微电子、生物工程、新材料等高科技行业较为常见，成员多为风险型企业。知识联盟是指企业与企业或其他组织机构，为共同创造新的知识和进行知识转移而建立的联盟。知识联盟的目标是学习和创造知识，以提高核心能力；知识联盟追求的是互相学习交叉知识；知识联盟的建立有助于从战略上提高或更新企业的核心能力。

（5）品牌联盟

品牌是现代企业最宝贵的无形资产，具有极高的共享价值。日益风靡我国的特许加盟制就是品牌联盟的典型。

3. 战略联盟的建立与管理

战略联盟与购并不同。购并可获得所有权和控制权，但其经营包袱非常大，复杂程度也非常高。如果一味地追求购并，不但可能达不到期望的效果，反而可能会造成营运效率低下并失去自己的优势。因此，购并后的许多多元化经营企业纷纷裁去不必要的子公司，重新致力于其优势产业。战略联盟运用得当，则能获得整体效益，更能专心致力于自己的优势且不会迷失方向。因此，如何建立有效的、适合企业特色的战略联盟，是企业在实施战略联盟时应思考的重点。

首先，建立战略联盟必须遵守以下三条原则：第一，对于企业熟悉的核心业务，宜采用购并策略，成功率较高；对非熟悉的业务则采取战略联盟。第二，进入新市场宜采用战略联盟。第三，战略联盟的作用在于弥补不足，因此要寻求彼此在开发、制造、营销渠道上的互补性，或者分担经营成本；购并则适用于扩展既有事业的规模。

其次，建立战略联盟应在明确动因的基础上制定明确的目标，制定一致性的战略联盟规划、管理与终止点，并在此基础上选择合适的合作对象，即选择门当户对，且业务范围相辅相成的企业，并创造“易于合作”的文化。由于战略联盟中最难调整与改变的是文化冲突，因此合作伙伴必须是彼此相容或企业文化相契合的对象。

再次，战略联盟的方式须依据企业的战略目标和利润产生的源头，规划符合企业内在发展规律的联盟机构。联盟机构必须要强有力且独立，目的在于使从属关系明确，易于协调，使联盟的领导人避免权力被削弱。

最后，战略联盟成功与否，关键在于合作伙伴之间能否实现协同和能否建立彼此单独无法实现的可持续竞争优势。成功的联盟是由信任、承诺、互相学习和灵活性联合起来的更有力量的团体。

任务二　目标市场策略

企业选择了具有发展潜力的市场之后，还需要进行市场细分和目标市场的选择。

一、市场细分

随着生产水平的提高和市场上产品种类的日益丰富，人们的需求也随着收入的增加而日益变化。20 世纪 50 年代，西方企业开始接受现代营销理念，认为企业不可能生产满足所有消费者需要的产品，因此必须对市场上的顾客群进行细分，选择其中一个或几个作为其目标市场，有针对性地运用营销策略，集中力量满足目标市场的需要。

市场细分，就是企业根据自身条件和营销目标，以需求的某些特征或变量为依据，区分具有不同需求的顾客群体的过程。这些细分变量主要包括地理变量、心理变量、行为变量等。

1. 地理细分

地理细分，即按照消费者所处的不同地理位置来细分。处于不同地理位置和环境里的消费者对产品的偏好、需求各不相同，对价值、销售渠道、广告宣传等手段的反应也有区别。

2. 人口细分

人口细分，即按照人口变量因素来细分消费者市场。人口细分因素包括年龄、性别、收入、职业、家庭生命周期、宗教、种族等。

3. 心理细分

心理细分，即按照消费者的生活方式、个性等心理变量进行细分。来自不同的亚文化群、社会阶层、不同职业的人有着各自不同的生活方式和消费心理，这些都影响具体的消费行为。

4. 行为细分

行为细分，即按照消费者购买行为特征如购买时机、使用率、品牌忠诚度来对消费者进行细分。

5. 受益细分

受益细分，即按照消费者追求不同来细分。

需要注意的是，并不是任何时候都要对市场进行细分。比如，在某个区域市场内，如果没有竞争对手或者只有少数竞争对手的情况下，就不需要对市场进行细分。选择什么样的细分市场一定要结合自身实际情况、市场情况和竞争者的情况进行具体分析，切忌“千军万马过独木桥”。同时，在某些情况下，还需要对已经细分了的市场重新进行整合。

二、目标市场选择

进行市场细分的目的是有效地选择目标市场。目标市场，即在需求异质的市场上，企业根据自身能力所确定的能满足现有的和潜在的消费者群体。企业所拥有的资源和优势是各有差异的，规模再大的企业，生产的产品也不可能满足所有消费者的需要。企业要根据自身资源、任务目标，权衡利弊后决定进入哪些目标市场，为哪部分市场服务。

企业确定目标市场策略，有以下三种选择。

（1）无差异化市场营销。

无差异化市场营销是指在市场细分之后，不考虑各细分市场的特性，只注重细分市场的共性，只用单一的产品、运用单一的营销组合策略，力求在一定程度上满足尽可能多的顾客需求。其优点是产品的种类、规格较简单，既有利于大规模生产，降低生产成本，又降低了产品开发、运输、促销等方面的成本。其缺点是产品缺乏特点，不可能满足所有消费者的需要，在激烈的竞争中会处于不利地位。

（2）差异化市场营销。

差异化市场营销是指企业同时为几个子市场服务，设计不同的产品，并在渠道、促销和定价方面做相应的改变，来满足不同消费者群体的需要。企业在多个市场上占有优势，可以提高消费者的认知度和信任感，提高重复购买率。其缺点是企业的生产成本、市场营销成本会增加。对市场过度细分，会导致产品价格不断上涨，影响产品销售量和企业利润。

（3）集中市场营销。

集中市场营销是指企业集中所有力量，以一个或少数几个相似的子市场作为目标市场，力图在较少的子市场上占有较高的市场份额。实行集中市场营销战略的多是一些中小企业，或是进入新市场的大企业。由于服务对象比较集中，企业对特定市场了解比较深入，在生产和营销方面可以专业化，较容易取得有利的市场地位。但是，集中营销策略也具有很大风险，一旦市场变化，企业可能陷入困境，没有其他市场加以弥补。

三、市场定位

市场定位是企业树立其产品优于其他企业产品的优势，树立鲜明的特色来满足顾客的需求偏好，这对树立企业形象、提高企业竞争力具有重要的意义。

（一）市场定位的程序

1. 确定企业的市场地位和竞争优势

企业要进行准确的市场定位，就应了解本企业产品的优势和特点，竞争对手的市场定位，目标市场的需求特征，现实市场的满足程度。

2. 选择自身相对竞争优势

选择企业自身相对竞争优势过程是竞争者之间实力较量的过程，主要对企业管理水平、技术开发、生产能力、市场营销能力、财务等多方面指标进行对比，找出企业最具有优势的方面。

3. 显示独特的竞争优势

其主要是通过一系列的宣传、促销活动，将产品的竞争优势的信息传递给消费者。首先企业要了解目标顾客的偏好特征，力求根据顾客的偏好来树立产品的形象，努力强化目标顾客的印象，稳定目标顾客的态度和情感。当市场定位模糊不清或出现偏差的时候，要及时纠正。

（二）市场定位的方法

1. 初次定位

新成立的企业进入市场，企业新产品投入市场或产品进入新市场时，企业要运用新的营销组合策略，使产品特色符合所选择的目标市场。

2. 重新定位

当市场环境发生变化或消费者的消费偏好发生变化时，企业需要对产品进行市场重新定位。

3. 对峙定位

企业选择靠近现有竞争者或与现在竞争者重合的市场地位，争夺相同的顾客和市场，彼此在产品、价格、分销等手段的运用上差别不大。

4. 回避定位

企业回避与目标市场上竞争者的直接对抗，将其位置确定在竞争较弱的空白市场上，开发市场上还没有的特色产品，开拓新的市场领域。

任务三　市场营销组合策略

一、产品策略

产品，是指提供给市场，用于满足人们某种欲望和需要的一切事物，包括实物、服务、思想、主意等。过去我们对产品的理解比较狭隘。从营销的角度，对产品要有整体的概念。产品的整体概念包括核心、有形产品和附加产品。核心产品是购买者购买产品所追求的核心利益，是产品整体中最基本和核心的部分。有形产品是指产品有形的部分，是产品的实物载体，产品的功效是通过一定的实物载体来实现的，包括产品的形状、样式、商标、质量、包装等。附加产品是指顾客在购买产品时所获得的全部附加的服务和利益，包括免费送货、维修、免费安装、售后服务等。在现代市场上，产品在实物层面趋于一致，企业加大产品的附加值的作用变得尤为重要。

（一）产品组合策略

产品组合策略，是指企业生产或经营的全部产品的有机组合方式。产品组合策略中包括产品长度、产品广度、产品深度、产品关联性。产品的广度是指企业产品中包含多少个产品大类；产品深度是指某个产品大类中包含不同品种、规格产品的数量；产品关联性是指一个企业不同产品大类间在生产条件、分销渠道、最终使用等方面密切相关程度。

产品组合策略在企业营销战略上具有重要意义。通过增加企业产品宽度，如增加产品大类、扩大经营范围、实现多角化经营等方式，有利于扩大企业知名度和影响力，挖掘经营潜力，扩大盈利能力。企业调整和优化产品组合策略，应根据不同的市场情况，采取不同的策略。

产品的延伸可采取向下延伸、向上延伸和双向延伸。向下延伸是指企业原来生产高档产品，后来又增加生产低档产品。向上延伸指企业原来生产低档产品，后来增加生产高档产品。双向延伸指原来定位于中档产品和低档产品。产品的延伸具有一些优点，企业通过产品延伸，可以增加产品种类，迎合顾客求新求异的心理，满足顾客需要，适应不同收入水平顾客的需要。但产品延伸有时也会带来弊病，比如品牌忠诚度降低，成本增加等。

（二）产品生命周期战略

市场营销中产品生命周期理论的发展和应用，是人们长期的营销实践的结果。人们在营销过程中认识到产品也同生命有机体一样，有一个从产生、发展到衰亡的过程。产品生命周期可理解为一种产品由产生、发展到衰亡的过程及在不同时间段上的表现。

产品生命周期可分为 4 个阶段：导入期、成长期、成熟期、衰退期。

1. 导入期

产品的导入期是指产品由设计到投入市场的阶段。这一阶段的主要特征是产品销量较小，成本比较高，人们对产品处于不了解阶段，销量增长缓慢，企业多处于亏损状态，产品种类少，竞争对手少，竞争不激烈。在导入期，企业的前期投入很大，要通过大力宣传、促销等手段吸引顾客的注意，力争扩大分销渠道，占领市场。

2. 成长期

新产品试销效果好，被越来越多的人接受，在市场上产品的销路也打开了，产品就进入成长期。这一阶段的特点是产品产量、销量快速增加，利润上升，同类产品竞争者介入，竞争日益激烈。

3. 成熟期

产品经过一段时间成长以后，销售量增长会缓慢下来，产品进入大批量稳定生产，产品需求趋于饱和，利润也缓慢下降，表明产品进入成熟期。产品进入成熟期后，产品普及，购买者较多；产品生产量大，成本低，销售量相对稳定；同行业产品各方面的竞争加剧。

4. 衰退期

衰退期是指市场出现更新的产品，原有产品走向被淘汰的阶段。衰退期的主要特点是产品销量下降速度加剧，利润很低甚至亏损；一些企业退出，产品价格大幅下降。

二、定价策略

价格是市场上商品最直接的体现，价格直接影响消费者的购买行为，对竞争的格局和竞争者的行为都会产生影响，也直接影响企业的销售和利润，因此，企业价格决策显得很重要。

（一）影响产品价格的因素

价格是产品内在价值的体现，价格高低不仅受自身价值的影响，还受其他因素的影响。

1. 市场需求变化的影响因素

营销理论认为，产品的最高价格取决于产品的市场需求，高价格取决于产品的成本。价值规律告诉我们，价格与需求量是相互作用的，价格上升，市场需求量减少，需求量下降又会导致价格下跌。企业在制定产品价格时，市场需求是主要考虑因素。

2. 市场竞争状况的影响因素

不同的市场竞争结构，对于产品的定价具有一定的影响。按照经济学的划分，市场可分为完全竞争市场、完全垄断市场、垄断竞争市场和寡头垄断市场。大多数产业市场处于垄断竞争和寡头垄断市场。在垄断竞争市场上，存在众多的厂商如服装行业，产品在质量、外观、品牌各方面都存在差异，因此企业对市场价格影响力有限，只能依靠其产品某些方面的差异优势，由价格的接受者变为价格的决定者。而寡头垄断市场上，一个行业存在少数几个企业，企业定价对市场价格的影响力较大。

3. 商品自身的特点因素

商品本身的属性、特征等方面的因素，是定价时应考虑的。商品的标准化程度越高，价格变动的可能性越小；一些季节性或不宜保留的商品、时尚性的商品，其价格变动较明显。另外还要考虑到商品的需求弹性、生命周期等方面的因素。

4. 政府干预程度的因素

市场经济中政府对产品价格的直接干预越来越少，但是政府通过一些财政、货币政策，对产品价格具有宏观调控作用。对有关产品实行国家定价、指导价、市场调节等形式，对价格加以影响，以法令形式规定企业定价权限、利润水平、价格浮动方向等。

（二）定价方法

成本导向定价法，即以产品成本为中心的定价方法。单位产品售价=单位成本的总成本×（1+成本加成率）。与生产企业成本加成法类似，零售企业往往以售价为基础进行加成定价，用零售价格或进货成本来衡量。由于成本加成定价法比较简单易行，并且如果大多数企业采用此法，可以降低价格竞争程度，因此这样的方法受到一些企业的欢迎。

三、促销策略

促销策略是企业营销活动的重要组成部分，是市场营销组合策略的 4 个要素之一。促销策略就是优化利用各种促销要素，包括广告、公共关系、人员推销和营业推广而制定的计划。

促销策略的主要作用是使目标市场的顾客相信企业所提供的商品和服务有优于其他竞争者的差异化优势。促销时营销组合中极其重要的部分，它向消费者介绍某种产品的优点，从而实现这种产品在市场中的定位。

促销策略的主要形式有人员推销、营业推广、广告、公共关系等。

（1）人员推销是利用人力进行推销的方式，它通过推销员与消费者的直接对话和沟通，传达产品或服务的信息，促使消费者进行购买。人员推销的优点在于：能够对产品进行详细的讲解和演示；可以取得较高的推销效率；可以促成即时的购买行动；推销人员可兼做市场调查研究甚至维修服务工作；人员推销易于控制成本。人员推销的缺点是：费用开支较大；仅适用于特定环境。人员推销的程序是：确定目标、接近潜在顾客、推销介绍、回答异议、成交、追踪。推销工作要获得成功，核心问题在于选择高效率的推销人员。

（2）营业推广是通过短期的刺激性手段，说服和鼓励消费者，激发他们的购买欲望的营销活动，包括免费赠样品、销售竞赛、奖励、贸易展示、免费度假旅游、赠送优惠券等。大型的促销活动可能同时使用上述几种营业推广工具。无论采取哪种形式，营业推广的目标都是吸引消费者或中间商立即购买。

（3）公共关系是评估公众态度、识别公众感兴趣的领域、执行意在赢得公众理解和认可的活动计划的营销职能。公共关系的最终目的是在公众心目中建立良好的企业形象，同其他促销工具相配合，起到推广企业产品的作用。公共关系具体包括：建立企业信誉；扩大企业及其产品的知名度；建立和维护与社会、公众的良好声誉；激励销售队伍和经销商；降低促销成本。公共关系的主要工具有：宣传性报道、产品发布、消费者教育、事件赞助、公益赞助、国际互联网网站。

（4）广告是一种非人力的传播信息手段，它通过各种宣传媒介，如电视、广播、杂志和报纸等将产品或服务信息传递给接受者。广告最重要的优点之一是它能在同一时间内向很多人传递信息。广告对于企业市场份额、消费者对企业产品的评价和品牌忠诚度以及消费者的态度起着极其重大的作用。

四、营销渠道策略

（一）营销渠道的概念

企业营销渠道，是指企业的产品从生产者转移到最终消费者手中的过程。这个过程一般包括三类角色：生产企业、消费者以及连接两者之间的各种中间商。中间商的分类有很多，根据其在营销渠道中所处的位置可分为批发商、代理商、零售商等。在沙盘模拟经营中，虚拟的企业本身不是生产者，而是扮演大的批发商或代理商的角色，企业从生产厂家购买商品，然后通过下属的专卖店、代理店、大卖场以及网上直销四种方式进行销售，通过赚取差价来获得利润。

（二）营销渠道的特征

（1）它是联系企业与顾客的桥梁。营销渠道处于企业的外部，需要企业利用自身资源去建设和开拓，是企业销售产品从而获得利润的市场实现过程。

（2）它是一个相互联系的复杂的销售网络系统。处于这个网络系统中的角色包括生产者、批发商、代理商、零售商、顾客。其中，批发商、代理商又可分为多个等级，比如一级代理、二级代理等。除此之外，营销渠道中还包括一些支持其运作的企业，如咨询机构、广告公司、仓储运输公司等。从更大的范围来说，一些政府机构也可称为营销渠道的角色，如银行、工商、税务、法院等单位。

（3）它是一个具有多种功能的系统。营销系统的基本功能是实现产品从生产企业向消费者的转移。除此之外，它还具备其他的一些重要功能：帮助企业搜集市场中各种有价值的信息情报；营销渠道本身也是一个良好的宣传广告平台，帮助企业向顾客更好地宣传和推广新产品；具有仓储运输、分发赊购的功能；具有融资、风险分担的功能。

（三）对分销渠道的设计和管理

1. 设计渠道的目标

其主要是解决如何以最佳的途径把产品传递给消费者。企业不同时期追求的目标也不同，如有的企业追求最大市场占有率，有的追求树立名牌、优质的形象。不同的目标会导致不同的渠道设计，企业总体战略目标决定企业分销渠道选择的方向。

2. 确定限定条件

分销渠道的选择受到一些客观条件的影响，主要是产品条件、市场条件和企业自身条件。产品自身的易腐性、易毁性、体积、重量、时尚性、季节性等属性特征会影响分销渠道的选择。目标市场上顾客的类型，潜在顾客数量的多少及地理分布、一次性购买数量、市场竞争状况都会对分销渠道的选择产生影响。另外，选择分销渠道时也要对企业自身条件进行分析，包括企业的规模、实例、声誉、管理能力和销售能力以及售后服务等多方面。

3. 设计营销渠道结构

所谓渠道设计，就是生产企业为了实现销售目标而对其营销渠道的长度和宽度进行分析、选择、设计和评估的过程。营销渠道决策是“4P”理论中的重要因素之一。在现实市场中，除了生产企业以外，代理商、批发商和零售商也需要对其营销渠道进行设计。比如在沙盘模拟经营中，虚拟公司就是扮演一个代理商的角色，同样要对自己的营销渠道进行设计和决策。

营销渠道的结构可按照长度和宽度两种方法来进行分类。其中最常见的是按照长度来分类。

所谓按照长度分类，就是根据营销渠道中间环节的多少来进行分类。除了生产者和最终顾客以外，中间的每一个销售企业或机构都称为中间流通环节或中间层次，各个中间层次的多少就构成了销售渠道的“长度”。在商品销售过程中，中间层次越多，销售渠道就越长，反之销售渠道就越短。

营销渠道的“宽度”是指渠道的每一个中间层次采用了同种类型的中间商数量的多少。比如，在沙盘模拟经营中，在东部和南部地区共建设了五家代理店来销售商品，这五家代理店的数量就是企业采取代理店形式的销售渠道的“宽度”。

（1）零级渠道

零级渠道也称直接渠道，是指由生产企业直接把产品卖给消费者的渠道类型。在销售过程中，他们没有其他任何中间环节，产品所有权的转移只发生一次就完成了。在直接渠道中，生产者的身份是双重的，既是生产者也是销售者。在沙盘模拟经营中，零级渠道是所有虚拟公司在经营初期最普遍采用的销售渠道。

零级渠道的销售形式有三种：直接销售、直复营销、企业直属门店销售。前两种销售形式没有实体店，而第三种销售形式有实体店支撑。

直接销售主要是人员推销，即销售者和顾客面对面进行的销售。比如常见的上门推销、办公室推销、产品推介会、产品展销会等。

直复营销主要是远程销售，销售人员和顾客进行不见面的销售。比如常见的网络营销、电话营销、电子邮件营销、电视营销等，沙盘经营中的“e 门店”就属于直复营销。

企业直属门店销售是指生产企业自行建设和租赁实体门店来进行的商品销售、产品服务、技术服务等。常见的门店形式有：专卖店、销售门市部、4S 店、大卖场专柜等。在沙盘模拟经营中，专卖店和大卖场专柜两种门店形式都属于企业直属门店销售。

直销渠道的好处是显而易见的。首先，直接销售省去了所有的中间环节，能极大地降低营销成本，顾客以相对较低的价格购买商品，企业产品能迅速打开销路、占领市场，提高销售收入。其次，直接营销为生产者和消费者提供了直接接触的机会，既有利于改进产品的缺陷和不足，也有利于厂家收集顾客的意见和建议，促进新产品的研发和生产，同时为消费者提供更周到、更满意的服务。最后，直接销售的回款速度快，能有效加速资金周转速度。在沙盘模拟经营中，"e 门店"不需要投入建设实体店的巨额资金，不占用宝贵的现金资源，降低了公司的财务费用。同时，直接从东部仓库向顾客发货，省去一道运输环节，既缩短了运输时间，又节省了运输费用。另外，销售收入直接接入总部收入，省去了门店的利润截留。因此，"e 门店"的经营是各家公司定的必争之地。谁的网点订单拿得多，谁就可能取得优势，取得好的经营业绩。

需要注意的是，直接渠道也存在一些缺点。首先，企业既是生产者也是销售者，当企业的生产、销售规模扩大到一定程度以后，维持直接渠道所耗费的人力、物力、财力等资源将越来越大，很多企业势必难以为继。其次，企业要承担商品从厂家到顾客的一切流通职能，增加了流通耗费和资金占用周期，并且企业要独立承担全部的市场风险，加大了企业经营的困难。最后，企业自身的地域限制使得企业不可能在所有市场上都建设直接渠道，企业能接触到的市场和消费者总是有限的，只局限在直接渠道会使企业失去很多市场。因此，采取间接渠道来发展这部分市场就是一个良好的选择。

（2）间接渠道

不属于直接渠道的营销形式都可以称为间接渠道，也称分销渠道。因此，一级、二级、三级渠道都属于间接渠道。在间接渠道中，生产厂家和消费者不发生直接的销售关系，产品的销售是通过一级或多级中间商来完成的。一级渠道，即只有一层中间商，比如消费者市场的零售商和产业市场的销售代理商；二级渠道，即说明有两层中间商，比如消费者市场的批发商和零售商，以及产业市场的一级代理商和二级代理商；三级渠道，即说明有三层或三层以上的中间商，比如消费者市场的日用品市场，这类商品市场广阔、销售量巨大。因此，各级中间商遍布整个营销渠道的销售链，包括各级代理商、各级批发商以及各种形式的零售商等。沙盘模拟经营中的代理店就属于间接渠道。

分销渠道具有以下优点：

①分工协作，各司其职。分销渠道中，由于有中间商负责商品的销售，生产企业可以专注于产品的开发和生产，能有效提高资源的使用效率。同时，中间商大都具有专业的销售水平，能更好地销售产品、扩大销路。因此，分销的模式能发挥各自在专业领域的优势，取长补短。

②利益共享，风险共担。一方面，分销模式把生产商和中间商的利益紧密地结合在一起。生产商以低于零售价的批发价把商品销售给中间商，中间商再以零售价销售给消费者。从单位产品看，生产商需要输送一部分收入给中间商进行分享，但是由于省去了销售环节，生产商的销售成本也同步降低，因此利润率并没有太大改变。同时，

中间商的销售优势，使生产商把市场扩大到仅仅依靠直销模式所不能占领的空白区域，这极大地提高了商品的市场占有率，有效增加了销售收入，从而扩大了生产生和中间商的共同利润，创造了“共赢”的局面。另一方面，中间商提供了完整的物流运输体系、销售队伍和终端门店，能有效分担生产商的人力成本、时间成本和资金成本，在面对市场风险时，各方能密切协作，共渡难关，以提高抵御风险的能力。在沙盘模拟经营中，代理店（分销渠道）在向总部申请配货时，不允许挂应付款，而是在收货的时候就直接以现金的方式向总部支付货款，这就是中间商分担资金成本的例子。

③能为消费者提供更优质的服务。中间商多数都拥有丰富的营销经验和完备的“进、销、存”体系，因此，能为消费者提供更专业、更优质的服务。在销售的过程中，中间商还能把顾客对产品的意见和建议反馈给生产商，便于厂家对产品进行改进和升级换代。

分销渠道的缺点主要表现在以下三个方面：

①中间商增加了产品和销售环节。生产商在选择中间商的过程城中不得不花费大量的时间和精力来选择最合适的合作伙伴。同时，生产商与各级中间商以及顾客之前的信息交流比较困难，分销渠道的长度越长，信息传递的效率就越低。

②中间商的存在隔断了生产商和市场的联系。这使得生产商的销售命脉掌握在中间商的手里，一旦中间商不执行生产商的销售政策，甚至停止与生产商的合作，生产商将面临较大的市场风险。

③对于技术性很强的产品或者产业市场，中间商的技术水平可能达不到产品销售或维护的要求。这时仍然需要生产商派驻专业技术人员参与销售和提供技术服务，或者生产商需要增加一定的成本对中间商进行培训。

（3）终端门店的建设决策

在沙盘模拟经营中，一共有四种形式的门店：专卖店、代理店、大卖场、e 门店。其中前三者是实体店，最后一种属于网络营销的虚拟店。这四种门店在建设过程中体现了不同的价值取向。

①专卖店。专卖店是企业品牌形象的延伸。它体现了生产企业的高品质服务，同时也是树立企业社会形象、传播企业文化的重要窗口。专卖店对企业而言，不但要注重经济利益，同时也要注重社会效益。

②代理店。代理店以较低的成本运作，布局较大的市场网络。代理店的经营成本对生产商而言最低，建设也最容易，这有利于企业产品快速地进入市场、占领市场，使消费者在较短的时间内对企业和产品产生认同感。

③大卖场。大卖场提倡一站式购物，天天低价的超值享受。大型卖场、超市的人流量众多，进入卖场的消费者购买欲望强烈。企业在大卖场开设专柜，借助大卖场旺盛的人气，可以迅速与消费者建立直接联系，获得市场的第一手情报，通过导购员的现场展示和导购，能够把产品快速地推向市场。

④e 门店。e 门店采取低价直销、提供无国界的服务。网络直销在近几年已经成为众多企业越来越重视的直接营销方式。网点的特点是无需实体店的支持，免去高昂的建店费用，没有中间环节，节省营销成本。随着互联网的发展、网银支付手段的进步、网络安全保护方法的不断完善，电子商务将逐渐成为未来直接营销渠道的主要形式。

（4）销售终端建立策略

在实际运作中，该如何决定建设何种类型的终端门店呢？我们可以从盈亏平衡、门店价值、品牌价值三个方面来进行分析和确认。

从盈亏平衡关系来看，一种产品的用户量越多，产品的产量也就越大，与之相对应的产品价值也就越低，此时适合的门店类型可以选择大卖场、代理店和 e 门店；反之，产品的用户量越少，产品的产量也就越少，与之相对应的产品价格也就越高，此时可供选择的门店有专卖店或代理店。

从单位终端用户量和终端数量的相对应关系上看，每个终端的单位用户量越少，其终端价值也就越低，这时就要建设更多的终端门店，突出“以量取胜”，适合建设的门店包括专卖店、e 门店或者部分代理店；反之，每个终端的单位用户量越多，其终端价值越高，这时就要少建设终端门店，突出“以质取胜”适合建设的门店包括大卖场或部分代理店。

从终端的品牌价值来看，终端建设成本越高，其价值就越大，终端数量越多，其社会影响力就越广。因此，企业可以根据这两个参数把终端的品牌价值分类考虑。当企业注重产品的品牌决策时，就应该以建设专卖店为主。如果只注重经济效益，则应该以建设大卖场专柜为主。

4. 渠道成员的选择

确定渠道结构之后，企业应考虑把哪些企业纳入自己的渠道成员。选择渠道成员主要考虑以下几个指标：

①与目标市场的接近程度。其包括所处的地理位置、企业与顾客的关系、经营优势等。

②财务状况。经销商需要具有比较稳定的资金支持来保证其市场地位和竞争力。

③产品组合状况。经销商经销产品的种类会对本企业产品销售产生影响，其产品间相似度越高，竞争越激烈。

④市场覆盖范围。经销企业覆盖的市场范围越大，其潜在顾客越多，对产品的销售越有利。

⑤促销产品、广告和推销产品的能力。

5. 分销渠道的管理

①对分销渠道的管理。其主要是对中间商的检查，对表现良好的中间商采取激励手段，并且结合市场环境的变化，对现有渠道进行调整。

②对中间商的管理和监督。对于中间商，需要定期或不定期进行检查，并按照一定的量化指标，对中间商的销售状况作出评价。其考查的指标包括销售总额、销售增长率、市场占有率、付款情况、库存水平等。

③对中间商的激励。企业借助中间商销售其产品，中间商对产品的态度直接影响产品的销售状况，企业与中间商之间应建立起良好的关系，对中间商采取一些激励措施，以提高他们销售产品的积极性。激励手段包括给予中间商价格折扣、给业绩好的中间商提成、联合搞一些活动等。生产企业对渠道成员激励的同时，也要发现其经营中存在的问题，督促其改进。

任务四　企业财务战略

一、企业融资战略

企业融资战略是在分析企业内外部融资环境因素的基础上，对企业资金流动进行全局性、长远性和创新性的谋划，主要目的是为了促进企业资金均衡有效流动，实现企业战略和增强企业竞争优势。

（一）融资战略目标

融资战略目标规定了企业资金筹措的基本特征和基本方向，描述了企业融资活动预期的结果，是企业采用不同融资方式和融资手段的依据。就单纯的融资问题来看，可以认为融资活动的目的是以最低的成本获得所需的资金，而从整个企业发展的战略角度来看，融资活动的背后隐藏着一系列战略目标。主要包括以下几个战略目标：

1. 融资的低成本目标

为了降低企业的生产经营成本，除了在生产经营过程中进行有效的成本控制以外，还需要对资金成本进行合理地掌握。资金成本通过影响企业生产成本进而影响企业的竞争地位。因此，企业需要以较低的融资成本获得资金，满足企业发展的需要。

2. 融资的风险控制目标

不同的融资方式和融资渠道具有不同的融资风险，这些融资风险包括本身所固有的，也包括外界条件改变所带来的风险，即系统性风险和非系统性风险。系统性风险是目前已被人们所认识的融资风险，非系统性风险是伴随企业内外部环境发展的动态性而存在的、人们无法预测的风险。任何企业在进行融资方式或融资渠道的选择时应该对风险的内生性和外生性有一个充分的认识，切实有效地控制融资风险。低的融资风险不一定是好的融资选择，高的融资风险也不见得是坏的融资选择。

3. 融资渠道的保持和开辟

保持和开辟新的融资渠道对企业的发展，尤其是满足企业资金的需要意义重大。保持良好的融资渠道可以保持企业资金流转的顺畅，而开辟新的融资渠道可以提高企业的融资规模，而且对降低融资成本有一定的积极作用。因此，企业的融资活动应该在维持现有融资渠道基础上，争取开辟更多的融资渠道，随着融资渠道的不断拓宽，融资风险也将更容易被企业控制。与融资渠道的保持相比，融资渠道开辟的成本一般要高一些，不过这种成本往往为以后的融资带来更低的成本。

（二）融资战略选择的原则

一个好的企业融资战略要实现企业资本结构的优化，企业债务结构的优化，以及企业股权结构的优化。其中，资本结构的优化主要体现在对债务融资与股权融资方式的战略选择上，债务结构的优化主要是围绕债务融资问题研究如何进行战略性债务融资，股权结构优化主要是围绕股权融资问题研究如何进行战略性股权融资。通常企业融资战略选择要遵循如下 4 个基本原则：

（1）融资产品的现金流出期限要求及法定责任必须与企业预期现金流入的风险相匹配。

（2）平衡当前融资与后续持续发展融资需求，维护合理的资信水平，保持财务灵活性与持续融资能力。

（3）在满足上述两个条件的前提下，尽可能降低融资成本。

（4）企业不同发展阶段要有与其相适应的融资渠道。

（三）融资渠道的选择

企业的资金来源渠道主要包括内源融资和外源融资两个渠道。其中内源融资主要是指企业的自有资金和在生产经营过程中的资金积累部分；外源融资即企业的外部资金来源部分，主要包括直接融资和间接融资两种方式。直接融资是指企业进行的首次上市募集资金、配股和增发等股权融资活动，所以又称为股权融资；间接融资是指企业资金来自于银行、非银行金融机构的贷款等债权融资活动，所以也称为债务融资。随着技术的进步和生产规模的扩大，单纯依靠内部融资已经很难满足企业的资金需求，外部融资成为企业获取资金的重要方式。

以下为几种常见的融资渠道。

1. 银行借款

信贷融资是间接融资，是市场信用经济的融资方式。它以银行为经营主体，按信贷规则运作，要求资产安全和资金回流，风险取决于资产质量。信贷融资由于责任链条和追索期长，信息不对称，由少数决策者对项目的判断支配大额资金，把风险累积推到将来。信贷融资需要发达的社会信用体系支持。银行贷款是企业最常用的融资渠道，以风险控制为原则，这是由银行的业务性质决定的。对银行来讲，它一般不愿冒太大的风险，因为银行贷款没有利润要求权，所以对风险大的企业或项目不愿借款，哪怕是有很高的预期利润。相反，实力雄厚、收益或现金流稳定的企业是银行欢迎的贷款对象。

因为以上特点，银行贷款与其他融资方式相比，主要不足在于：第一，条件苛刻，限制性条款太多，手续过于复杂，费时费力，办理贷款有时可能办一年都办不下来；第二，借款期限相对较短，长期投资很少能贷到款；第三，借款额度相对较小，通过银行解决企业发展所需要的全部资金是很难的。特别对于在起步和创业阶段的企业，贷款的风险大，也是很难获得银行贷款的。

希望获得银行贷款的企业必须让银行了解其有足够的资产进行抵押或质押，有明确的用款计划，企业或项目利润来源稳定，有还本付息的能力。例如，现实中企业根据对未来市场变化的预期，制定了相应的产品开发计划，但其所需资金往往受贷款规模的限制，等到银行逐级申报增加贷款规模批下来一下，也许市场情况也发生了变化，使得企业失去了一次有利的投资机会。可见，银行贷款“时滞”增加了企业融资的机会成本。同样债券融资的限制条件也多，对企业来讲，同样加大了机会成本，也是其不利的一面。

2. 证券融资

证券融资是市场经济融资方式的直接形态，公众广泛参与，市场监督最严，要求最高，具有广阔的发展前景。证券融资主要包括股票、债券，并以此为基础进行资本市场运作。与信贷融资不同，证券融资是由众多市场参与者决策，是投资者对投资者、公众对公众的行为，直接受公众及市场风险约束，将未来风险在现在就暴露和定价，风险由投资者直接承担。

（1）股权融资。发行股票是一种资本金融资，投资者对企业利润有要求权，但是所投资金不能收回，投资者所冒风险较大，因此要求的预期收益也比银行高。从这个角度而言，股票融资的资金成本比银行贷款高。发行股票的优点：所筹资金具有永久性，无到期日，没有还本压力；一次筹资金额大；用款限制相对较松；提高企业的知名度，为企业带来良好声誉；有利于帮助企业建立规范的现代企业制度。特别是对于潜力巨大，但风险也很大的科技型企业，通过在创业板发行股票融资，是企业发展的一条有效途径。发行股票的缺点：上市的条件过于苛刻；上市时间跨度长，竞争激烈，无法满足企业紧迫的融资需求；企业要负担较高的信息报道成本，各种信息公开的要求可能会暴露商业秘密；企业上市融资必须以出让部分股权作为代价，分散企业控制权，从而出让较高的利润收益。从这个角度上讲，企业上市并非像有人说的没有成本。

（2）债券融资。发行债券的优缺点介于上市和银行借款之间，也是一种实用的融资手段，但关键是选好发债机构。采用发行债券的方式进行融资，其好处在于还款期限较长，附加限制少，资金成本也不太高，但手续复杂，对企业要求严格。目前对于条件好的企业可以发一些企业债券，因为市场利率比较低，融资成本较低。但债券融资对于银行借款而言，还款约束性强，要控制好还款风险。

（3）上市公司再融资——配股、增发以及可转换债券。对债务融资而言，债务资本成本与债权人所要求的收益率相关，对股权融资而言，股权融资成本与股东所期望的收益率相关。实证研究表明，上市公司一般先使用内部股权融资（即收益留存），其次是债务融资，最后才是外部股权融资。

3. 项目融资

项目融资是为某一特定工程项目而发放的一种中长期贷款，项目贷款的主要担保是该工程项目预期的经济收益和其他参与人对工程停建、不能营运、收益不足以及还债等风险所承担的义务，而主办单位的财力和信誉并非贷款的主要担保对象。

4. 融资租赁

融资租赁是指出租人根据承租人的请求及提供的规格，与第三方供货方订立一项供货合同，要求出租人按照承租人在与其利益有关的范围内所同意的条款取得工厂、资本货物或其他设备，并且出租人与承租人订立一项租赁合同，以承租人支付租金为条件授予承租人使用设备的权利。

5. 风险资本

风险资本也成为创业资本，它是指“实行专业化管理，为新兴的、以增长为目标的未上市的公司提供股权融资的资本”。利用风险资本要考虑被投资的产品处于哪个发展阶段，因为不同的阶段对资金、技术、管理的要求不一样，从而直接影响投资的效果。

6. 行业资产重组

广义的资产重组通过注资控股、合资、债权转移、联合经营等多种方式进行。通过行业资产重组将有以下功效：有效地实现优势企业经营规模的低成本快速扩张，迅速扩大生产能力和市场营销网络，盘活闲置存量资产，扩大优势企业的经营范围，通过重组优化经营结构和转换经营机制。

二、企业负债经营战略

负债经营，是指企业通过银行贷款、发行债券、租赁、商业信用等办法来筹集资金的经营方式。正确认识、客观评价负债经营的利与弊，根据市场需求和经济环境的发展变化与企业生产经营对资本的实际需要及财务状况，把握企业负债经营的适度性，有效实施负债经营战略，是成功运作资本，持续稳定企业的关键。

从定性方面分析，只有通过借入方式取得的债务资金才是负债经营。可从会计报表中得知，按负债偿还期的长短或流动性质分为流动负债和长期负债。流动负债的具体方式主要包括银行短期借款、短期融资债券和商业信用（如应付账款、商业汇票、票据贴现，预收货款等）。其中，各种银行短期借款均具有规定的手续、贷款条件和特定目的。短期融资债券主要在单位、部门之间发挥调剂资金余缺的作用，其最长期限不超过 9 个月，利率一般低于银行同期贷款利率。商业信用是商品交易中已延期付款或预收货款进行购销活动而形成的借贷关系，它是商品交换中货与钱在时间上和空间上分离的结果。西方国家的商业信用一般占企业流动负债总额的 40%以上。

长期负债的具体方式主要包括银行长期贷款、发行企业债券、公司股票和融资租赁。其中，各种银行长期贷款也是有相应的规定条件和手续且按期限长短实行差别利率；发行企业债券和公司股票在法律上有严格的限制。融资租赁是以满足添置资产、融通资金为目的的租赁业务，租赁期等于或接近于资产的使用年限。所以，负债经营的概念并不是以是否有负债项目或负债大于零为前提。只有企业通过负债方式，增加了资金供应规模并对企业生产经营活动产生影响，才能当成负债经营。

从定量方面分析，借款性负债和总资产的比率应该达到一定数值，才能作为负债经营。因为，只有该比率达到或超过一定程度，负债经营才能成为企业生产经营的筹资来源，并影响到企业的一些列经营策略和财务决策，使企业能为此而享受负债经营的财务杠杆利益和承担负债经营的风险。

三、负债经营战略管理

由于资金的短缺性和资金的成本性，必然要求负债经营规模既合理又经济，因为如果负债经营规模小，筹集资金不足，必然达不到负债筹资目的，影响企业的正常生产经营；而负债数量多，使资金闲置与浪费，不仅增加企业的资本成本，增重债务负担，也必然会影响资金使用效果，所以要确定负债的合理数量。

从财务结构的定量比例来考虑，目前常用的资产负债结构指标有两种：

（1）负债比率。负债比率即负债总额与资产总额之比。它用来分析负债经营程度和财务风险的大小。对债权人来说是用以表明债权的安全可靠程度。国际上一般认为 30%左右比较合适，但在经济发达国家和地区通常要高一些，美国企业为 30%左右，我国台湾地区为 50%~60%，日本、韩国达到 80%以上。

（2）流动比率或营运资本比率。流动比率或营运资本比率即企业流动资产与流动负债之比。它用于分析企业短期债务到期前的变现偿还能力。一般认为，企业流动资金（包括现金、应收款项、短期有价证券、产成品、发出商品等）应是其流动负债的 2 倍以上。比率越高，企业的短期偿债能力越强。从企业偿付率来考虑（偿付率，是指一定时期内还本付息总额与收入总额的比率），它用于分析企业经营收益偿还能力，比率越小说明企业偿债能力越强，一般认为20%较适合。这是一种把债务与营业收入结合起来思考的方式。

负债经营期限的管理，即制定一个恰当而有利的负债还本期限，具体规定偿还期的月度数或年度数。确定负债偿还期时，应注意综合考虑以下因素：

① 投资项目的性质。不同投资项目是考虑偿债期的主要依据。一个企业为某项生产经营性投资项目筹集资金而负债时，期限要长一些，因为一般只有在该项目投产获利之后才有偿债能力；如果是设备更新改造筹资，则期限可相对短一些；如果是为了满足暂时流动资金的需要而负债，则期限可安排为几个月。总之，负债期限要与筹资用途或者投资项目的性质相适应，目的是付出最小的代价，最大限度地利用负债进行筹资。

② 要有利于企业债务还本付息在年度间均匀分布，预防债务偿还年限、月份的集中出现。

③ 要有利于降低负债利息成本。在市场利率形成机制比较健全的情况下，负债利息成本与期限有关。一般来说，短期借款的举债成本要比长期借款的举债成本低。

④ 不同的负债经营方式有不同期限，一般都存在着负债成本与负债风险两个方面，期限长短各有其利弊。经营者和财务经理应从这两方面加以权衡。如短期借款成本低，风险大，长期借款的成本高，风险小。

【课后思考】

1. 企业市场竞争的策略有哪些？每种策略的特点和使用技巧是什么？
2. 目标市场策略有哪些？
3. 市场营销组合策略包括哪些内容？
4. 企业财务战略包括哪些内容？

项目五 ERP商业沙盘初始年经营

■知识目标

完成ERP商业沙盘初始年经营。

■能力目标

1. 培养学生运用理论知识进行实践实训的能力。

2. 在日常的工作学习中，能熟练地将运用理论知识运用到工作实践中，发挥团队协作能力，培养工匠精神。

任务一　市场容量预测分析

整个市场分为东部市场、南部市场、西部市场、北部市场和网上直销（e门店）。不同地区的市场容量是不一样的，而同一地区不同产品的市场容量也是不一样的。

一、东部市场容量分析

在东部地区，B产品的市场容量比较大，并且稳定在40左右。C产品的市场容量随着年度增加稳定递增，到第五年时，产品C的市场容量减少，市场容量在35左右。产品R在经营的初期，市场容量较少，但随着经营年度的增加，产品R的容量也随之增加，市场容量在20~35。产品S的市场容量最少，市场容量随着年度的增加而增加，市场容量稳定在2~10左右。东部市场容量预测如图5.1所示。

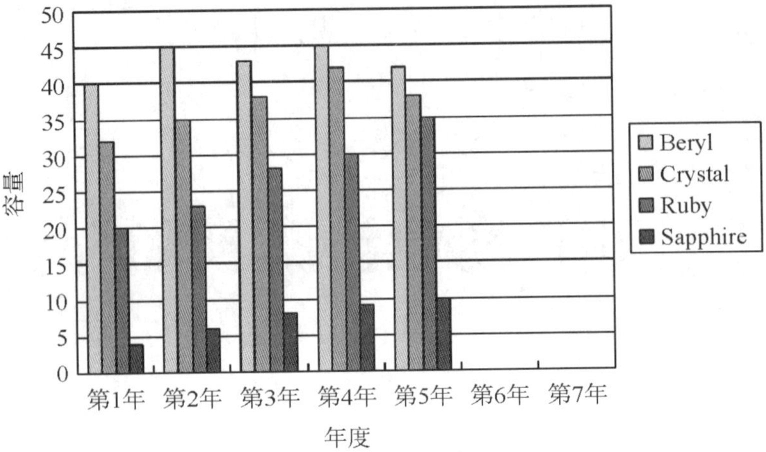

图 5.1　东部市场容量

二、南部市场容量分析

在南部地区，市场经过开拓，第二年开始经营。B 产品的市场容量比较大，并且稳定在 45 左右。C 产品的市场容量随着年度增长稳定递增，到第五年时，产品 C 的需求量最大，市场容量在 30~40 左右。产品 R 在经营的初期，市场容量较少，但随着经营年度的增加，产品 R 的容量也随之增加，市场容量在 20~30。产品 S 的需求量最少，市场容量随着年度的增加而增加，市场容量稳定在 5~10 左右。预测如图 5.2 所示。

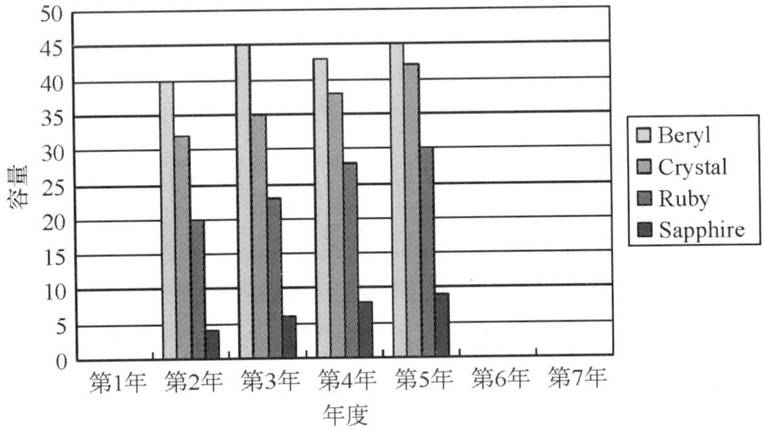

图 5.2　南部市场容量

三、北部市场容量分析

在北部地区，市场经过开拓，第三年开始经营。B 产品的市场容量比较大，并且稳定在 40~45 左右。C 产品的市场容量随着年度增长稳定递增，到第五年时，产品 C 的需求量最大，市场容量在 40 左右。产品 R 在经营的初期，市场容量较少，但随着经营年度的增加，产品 R 的容量也随之增加，市场容量在 20~30。产品 S 的需求量最少，市场容量随着年度的增长而增加，市场容量稳定在 5~10 左右。北部市场容量预测如图

5.3 所示。

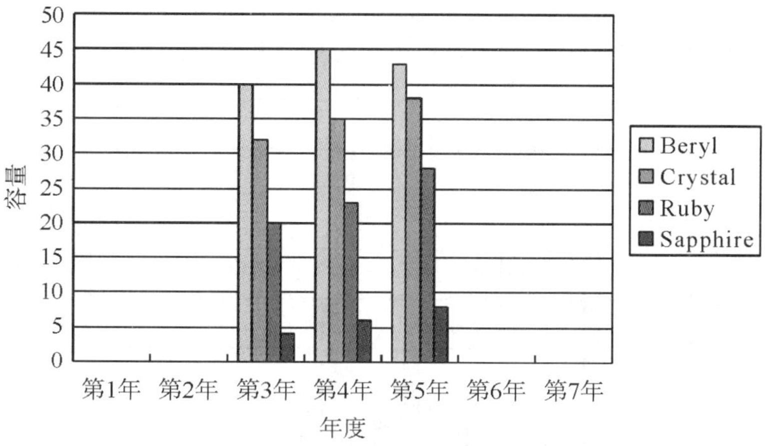

图 5.3 北部市场容量

四、西部市场容量分析

在西部地区，市场经过开拓，第三年开始经营。B 产品的市场容量比较大，并且稳定在 45 左右。C 产品的市场容量随着年度增长稳定递增，到第五年时，产品 C 的需求量最大，市场容量在 35 左右。产品 R 在经营的初期，市场容量较少，但随着经营年度的增加，产品 R 的容量也随之增加，市场容量在 30~35。产品 S 的需求量最少，市场容量随着年度的增长而增加，市场容量稳定在 5 左右。西部市场容量预测如图 5.4 所示。

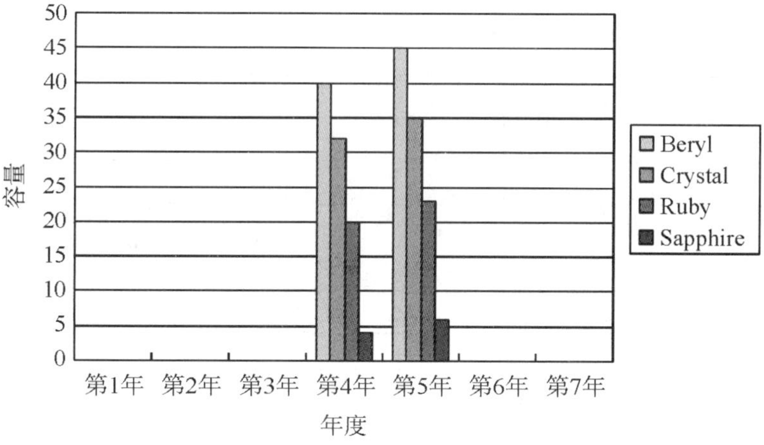

图 5.4 西部市场容量

五、网上订单市场容量分析

除了东部、南部、北部、西部四个区域市场以外，还有网上直销市场（e 门店）。e 门店的市场开拓期为一年，因此，e 门店的经营从第二年开始。B 产品的市场容量比较大，并且稳定在 20~30 左右。C 产品的市场容量随着年度增长稳定递增，到第五年时，产品 C 的需求量最大，市场容量在 15 左右。产品 R 在经营的初期，市场容量较少，但随着经营年度的增长，产品 R 的容量也随之增加，市场容量在 5~10。产品 S 的需求量最少，市场容量稳定在 2 左右。网上订单市场容量预测如图 5.5。

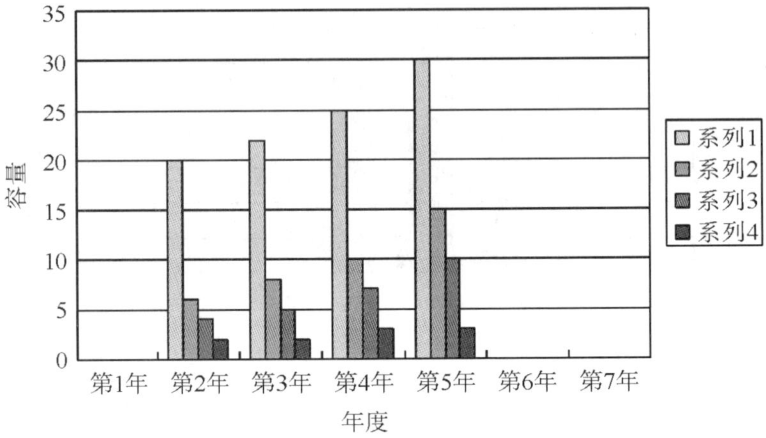

图 5.5 网上订单市场容量

任务二 初始年商业企业经营实战演练

初始年商业企业经营实战演练步骤如下：

一、销售订单

市场								
季度								
门店类型								
产品名称								
零售价								
订单数量								
订单销售额								

二、预测-备货-采购计划

东部：

	采购计划				备货计划				明年预测
	Q1	Q2	Q3	Q4	Q1	Q2	Q3	Q4	
Beryl									
Crystal									

表(续)

	采购计划				备货计划				明年预测
	Q1	Q2	Q3	Q4	Q1	Q2	Q3	Q4	
Ruby									
Sapphire									

三、资金预算

总部：

	Q1	Q2	Q3	Q4	年末
上年税金					
广告费					
短贷+利息					
支付应付账					
仓库租金/建设					
采购货款					
采购-运输费					
支付门店投资					
大卖场上架费					
配送-运输费					
资金拆借					
结算货款					
卖订单收入					
盘门店收入					
需贷款金额					

门店：

	Q1	Q2	Q3	Q4	年末
上年税金					
短贷+利息					
长贷+利息					
租金					
应付款/付现					
资金拆借					
接收投资款					
接受上架费					
销售货款					
卖商品收入					
需贷款金额					

四、仓储配送计划

东部：

	配送计划				终端需求							
	Q1	Q2	Q3	Q4	Q1		Q2		Q3		Q4	
					店型	数量	店型	数量	店型	数量	店型	数量
Beryl												
Crystal												
Ruby												
Sapphire												

五、总部铺货计划

东部：

	配送计划				铺货计划							
	Q1	Q2	Q3	Q4	Q1		Q2		Q3		Q4	
					店型	数量	店型	数量	店型	数量	店型	数量
Beryl												
Crystal												
Ruby												
Sapphire												

六、总部配送记录

市场								
季度								
门店名称								
产品名称								
门店进货价								
配送数量								
总部销售额								
总部采购成本								
入库时间								

七、任务清单

年初任务：

总部	（1）缴纳上一年度税金 （2）缴纳广告费 （3）登记销售订单	□ □ □
门店	（4）缴纳上一年度税金	□

季度任务：

		季度1	季度2	季度3	季度4
门店	1. 更新短期贷款/还本付息/申请短期贷款	□	□	□	□
总部	2. 更新短期贷款/还本付息/申请短期贷款	□	□	□	□
	3. 更新应付账款/归还应付款	□	□	□	□
	4. 租用新仓库/支付仓库租金/新建仓库	□	□	□	□
	5. （采购环节）运输入库/更新运输	□	□	□	□
	6. 更新采购订单/采购订单交付货运	□	□	□	□
	7. 支付采购货款/采购货款挂应付账	□	□	□	□
	8. 支付（采购环节）运输费用	□	□	□	□
	9. 下采购订单（Beryl 订单转到6）	□	□	□	□
	10. 决策投资新门店/变卖门店	□	□	□	□
	11. 支付专卖店投资款	□	□	□	□
	12. 支付大卖场上架费	□	□	□	□
门店	13. 专卖店接受初始投资款	□	□	□	□
	14. 建店初始长贷	□	□	□	□
	15. 支付租金	□	□	□	□
	16. 大卖场接受上架费	□	□	□	□
总部	17. （配送环节）更新运输/运输入店	□	□	□	□
门店	18. 收取总部配送商品，付现或挂应付款	□	□	□	□
总部	19. 收取代理货款/挂应收款	□	□	□	□
门店	20. 向总部申请配货	□	□	□	□
总部	21. 仓库配送商品（填表格六：配送记录）	□	□	□	□
	22. 支付（配送环节）运输费	□	□	□	□
门店	23. 按销售订单交货，收取货款	□	□	□	□
	24. 支付总部应付款，冲销应付款	□	□	□	□
总部	25. 收取门店销售货款，冲销应收款	□	□	□	□
	26. 支付行政管理费（填表格八：季度状态）	□	□	□	□

年末任务：

总部	（1）更新长期贷款/支付利息/申请长期贷款	□
	（2）支付仓库维护费	□
	（3）计提折旧	□
	（4）开拓渠道（直销/分销）	□
	（5）支付门店返点	□
门店	（6）支付运营费用	□
	（7）更新长期贷款/支付利息/申请长期贷款	□
	（8）接受总部返点	□
	（9）清盘	□
总部	（10）门店损失记入坏账	□
	（11）调整与门店的结算比例	□
	（12）关账（填表格八：季度状态）	□

八、季度状态记录

	Q1	Q2	Q3	Q4/年末
Crystal采购订单	1Q,数量:	1Q,数量:	1Q,数量:	1Q,数量:
Ruby采购订单	1Q,数量:	1Q,数量:	1Q,数量:	1Q,数量:
Sapphire采购订单	2Q,数量: 1Q,数量:	2Q,数量: 1Q,数量:	2Q,数量: 1Q,数量:	2Q,数量: 1Q,数量:
采购运输 火车	2Q,产品-数量: 1Q,产品-数量:	2Q,产品-数量: 1Q,产品-数量:	2Q,产品-数量: 1Q,产品-数量:	2Q,产品-数量: 1Q,产品-数量:
汽车	1Q, 产品-数量:	1Q, 产品-数量:	1Q, 产品-数量:	1Q, 产品-数量:
飞机				
东部仓储	产品-数量:	产品-数量:	产品-数量:	产品-数量:
南部仓储	产品-数量:	产品-数量:	产品-数量:	产品-数量:
北部仓储	产品-数量:	产品-数量:	产品-数量:	产品-数量:
西部仓储	产品-数量:	产品-数量:	产品-数量:	产品-数量:
配送运输 火车	3Q,产品-数量: 2Q,产品-数量: 1Q,产品-数量:	3Q,产品-数量: 2Q,产品-数量: 1Q,产品-数量:	3Q,产品-数量: 2Q,产品-数量: 1Q,产品-数量:	3Q,产品-数量: 2Q,产品-数量: 1Q,产品-数量:
汽车	1Q, 产品-数量:	1Q, 产品-数量:	1Q, 产品-数量:	1Q, 产品-数量:
飞机				
现金				
应收账				
高利贷	账期-数量:	账期-数量:	账期-数量:	账期-数量:
短贷	账期-数量:	账期-数量:	账期-数量:	账期-数量:
长贷	***********	*************	**************	账期-数量:
应付账	账期-数量:	账期-数量:	账期-数量:	账期-数量:
长期投资				
运输费				
买卖订单				
处理门店				
罚金				
分销开拓	******************	******************	******************	
直销开拓	******************	******************	******************	

门店

现金				
商品	产品-数量:	产品-数量:	产品-数量:	产品-数量:
应付账				
长贷	账期-数量:	账期-数量:	账期-数量:	账期-数量:
短贷	账期-数量:	账期-数量:	账期-数量:	账期-数量:
转让商品	产品-金额:	产品-金额:	产品-金额:	产品-金额:

九、总部年报

1. 年末的营业费用

运输费	广告费	大卖场上架费	代理商返点	大卖场返点	其他	营业费用合计

2. 年末的财务报表

总部资产负债表

资产	年初数	期末数	负债及所有者权益	年初数	期末数
流动资产：			负债：		
现金	40		短期负债		
应收账款	12		应付账款		
在途商品	12（4个）		应交税金		
库存商品	18（仓库：6个）		长期负债	80	
流动资产合计	82		负债合计	80	
长期投资	30				
固定资产：			所有者权益：		
土地净值	30		股东资本	82	
房屋净值	20		以前年度利润		
在建工程			当年净利润		
固定资产合计	50		所有者权益合计	82	
资产总计	162		权益总计	162	

管理费用明细表

单位：百万元

项目	金额
行政管理费	
仓库租金	
市场开拓费	
折旧费	
维护费	
其他	
合计	

总部损益表

单位：百万元

项目	去年	今年
一、主营业务收入		
减：主营业务成本		
二、主营业务利润		
减：营业费用		
管理费用		
财务费用		
三、营业利润		
加：营业外净收益		
四、利润总额		
减：所得税		
五、净利润		

【课后思考】

资金周转期

初始：股东现金，银行贷款。

业务进行中：投资门店、建仓储中心，运输费，员工薪水。

业务结算：应付账款，应收账款，毛利，利息，折旧，利润，贴现，租金，行政管理费用……

年度报告：资产负债表、损益表。

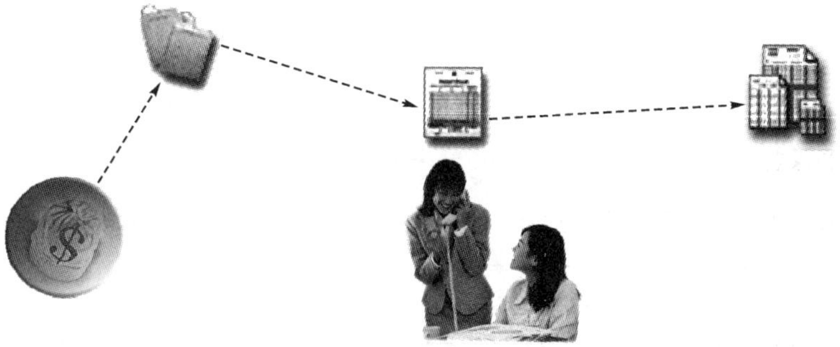

项目六 ERP 商业沙盘第一年经营

■**知识目标**

完成 ERP 商业沙盘第一年经营。

■**能力目标**

1. 培养学生运用理论知识进行实践实训的能力。
2. 在日常的工作学习中，具备良好的团队协作能力，培养工匠精神。

一、销售订单

市场								
季度								
门店类型								
产品名称								
零售价								
订单数量								
订单销售额								

市场								
季度								
门店类型								
产品名称								
零售价								
订单数量								
订单销售额								

二、预测-备货-采购计划

东部：

	采购计划				备货计划				明年预测
	Q1	Q2	Q3	Q4	Q1	Q2	Q3	Q4	
Beryl									
Crystal									
Ruby									
Sapphire									

南部：

	采购计划				备货计划				明年预测
	Q1	Q2	Q3	Q4	Q1	Q2	Q3	Q4	
Beryl									
Crystal									
Ruby									
Sapphire									

三、仓储配送计划

东部：

	配送计划				终端需求							
	Q1	Q2	Q3	Q4	Q1		Q2		Q3		Q4	
					店型	数量	店型	数量	店型	数量	店型	数量
Beryl												
Crystal												
Ruby												
Sapphire												

四、总部铺货计划

东部：

	配送计划				铺货计划							
	Q1	Q2	Q3	Q4	Q1		Q2		Q3		Q4	
					店型	数量	店型	数量	店型	数量	店型	数量
Beryl												
Crystal												
Ruby												
Sapphire												

南部：

	配送计划				铺货计划							
	Q1	Q2	Q3	Q4	Q1		Q2		Q3		Q4	
					店型	数量	店型	数量	店型	数量	店型	数量
Beryl												
Crystal												
Ruby												
Sapphire												

五、总部配送记录

市场								
季度								
门店名称								
产品名称								
门店进货价								
配送数量								
总部销售额								
总部采购成本								
入库时间								

市场								
季度								
门店名称								
产品名称								
门店进货价								
配送数量								
总部销售额								
总部采购成本								
入库时间								

六、任务清单

年初任务：

总部	（1）缴纳上一年度税金 （2）缴纳广告费 （3）登记销售订单	□ □ □
门店	（4）缴纳上一年度税金	□

季度任务：

		季度 1	季度 2	季度 3	季度 4
门店	1. 更新短期贷款/还本付息/申请短期贷款	□	□	□	□
总部	2. 更新短期贷款/还本付息/申请短期贷款	□	□	□	□
	3. 更新应付账款/归还应付款	□	□	□	□
	4. 租用新仓库/支付仓库租金/新建仓库	□	□	□	□
	5. （采购环节）运输入库/更新运输	□	□	□	□
	6. 更新采购订单/采购订单交付货运	□	□	□	□
	7. 支付采购货款/采购货款挂应付账	□	□	□	□
	8. 支付（采购环节）运输费用	□	□	□	□
	9. 下采购订单	□	□	□	□
	10. 决策投资新门店/变卖门店	□	□	□	□
	11. 支付专卖店投资款	□	□	□	□
	12. 支付大卖场上架费	□	□	□	□

表(续)

门店	13. 专卖店接受初始投资款 14. 建店初始长贷 15. 支付租金 16. 大卖场接受上架费	□ □ □ □	□ □ □ □	□ □ □ □	□ □ □ □
总部	17. （配送环节）更新运输/运输入店	□	□	□	□
门店	18. 收取总部配送商品，付现或挂应付款	□	□	□	□
总部	19. 收取代理货款/挂应收款	□	□	□	□
门店	20. 向总部申请配货	□	□	□	□
总部	21. 仓库配送商品（填表格：配送记录） 22. 支付（配送环节）运输费	□ □	□ □	□ □	□ □
门店	23. 按销售订单交货，收取货款 24. 支付总部应付款，冲销应付款	□ □	□ □	□ □	□ □
总部	25. 收取门店销售货款，冲销应收款 26. 支付行政管理费(填表格：季度状态表)	□ □	□ □	□ □	□ □

年末任务：

总部	（1）更新长期贷款/支付利息/申请长期贷款 （2）支付仓库维护费 （3）计提折旧 （4）开拓渠道（直销/分销） （5）支付门店返点	□ □ □ □ □
门店	（6）支付运营费用 （7）更新长期贷款/支付利息/申请长期贷款 （8）接受总部返点 （9）清盘	□ □ □ □
总部	（10）门店损失记入坏账 （11）调整与门店的结算比例 （12）关账（填表格：季度状态表）	□ □ □

七、季度状态记录

	Q1	Q2	Q3	Q4/年末
Crystal采购订单	1Q,数量:	1Q,数量:	1Q,数量:	1Q,数量:
Ruby采购订单	1Q,数量:	1Q,数量:	1Q,数量:	1Q,数量:
Sapphire采购订单	2Q,数量: 1Q,数量:	2Q,数量: 1Q,数量:	2Q,数量: 1Q,数量:	2Q,数量: 1Q,数量:
采购运输 火车	2Q,产品-数量: 1Q,产品-数量:	2Q,产品-数量: 1Q,产品-数量:	2Q,产品-数量: 1Q,产品-数量:	2Q,产品-数量: 1Q,产品-数量:
汽车	1Q, 产品-数量:	1Q, 产品-数量:	1Q, 产品-数量:	1Q, 产品-数量:
飞机				
东部仓储	产品-数量:	产品-数量:	产品-数量:	产品-数量:
南部仓储	产品-数量:	产品-数量:	产品-数量:	产品-数量:
北部仓储	产品-数量:	产品-数量:	产品-数量:	产品-数量:
西部仓储	产品-数量:	产品-数量:	产品-数量:	产品-数量:
配送运输 火车	3Q,产品-数量: 2Q,产品-数量: 1Q,产品-数量:	3Q,产品-数量: 2Q,产品-数量: 1Q,产品-数量:	3Q,产品-数量: 2Q,产品-数量: 1Q,产品-数量:	3Q,产品-数量: 2Q,产品-数量: 1Q,产品-数量:
汽车	1Q, 产品-数量:	1Q, 产品-数量:	1Q, 产品-数量:	1Q, 产品-数量:
飞机				
现金				
应收账				
高利贷	账期-数量:	账期-数量:	账期-数量:	账期-数量:
短贷	账期-数量:	账期-数量:	账期-数量:	账期-数量:
长贷	***********	*************	**************	账期-数量:
应付账	账期-数量:	账期-数量:	账期-数量:	账期-数量:
长期投资				
运输费				
买卖订单				
处理门店				
罚金				
分销开拓	******************	******************	******************	
直销开拓	******************	******************	******************	

门店

现金				
商品	产品-数量:	产品-数量:	产品-数量:	产品-数量:
应付账				
长贷	账期-数量:	账期-数量:	账期-数量:	账期-数量:
短贷	账期-数量:	账期-数量:	账期-数量:	账期-数量:
转让商品	产品-金额:	产品-金额:	产品-金额:	产品-金额:

八、总部年报年份

1. 年末的营业费用

运输费	广告费	大卖场上架费	代理商返点	大卖场返点	其他	营业费用合计

2. 年末的财务报表

总部资产负债表

资产	年初数	期末数	负债及所有者权益	年初数	期末数
流动资产：			负债：		
现金			短期负债		
应收账款			应付账款		
在途商品			应交税金		
库存商品			长期负债		
流动资产合计			负债合计		
长期投资					
固定资产：			所有者权益：		
土地净值			股东资本		
房屋净值			以前年度利润		
在建工程			当年净利润		
固定资产合计			所有者权益合计		
资产总计			权益总计		

管理费用明细表

单位：百万元

项目	金额
行政管理费	
仓库租金	
市场开拓费	
折旧费	
维护费	
其他	
合计	

总部损益表

单位：百万元

项目	去年	今年
一、主营业务收入		
减：主营业务成本		
二、主营业务利润		
减：营业费用		
管理费用		
财务费用		
三、营业利润		
加：营业外净收益		
四、利润总额		
减：所得税		
五、净利润		

【课后思考】

1. 第一年回顾：

体会与收获：

计划：

2. 经营单位正确定位

产品定位：高端？中端？低端？通吃？

产品种类：单一产品？多种产品？

市场：开拓哪个市场？

渠道：直销？分销？

终端：专卖店？代理店？大型超市？

3. 年度战略讨论

公司在第二年度的战略要点：

第一季度：

第二季度：

第三季度：

第四季度：

项目七　ERP 商业沙盘第二年经营

■知识目标

完成 ERP 商业沙盘第二年经营。

■能力目标

1. 培养学生运用理论知识进行实践实训的能力。

2. 在日常的工作学习中，能熟练地将理论知识运用到工作实践中，能够应用相关知识对企业进行经营与决策。

3. 团队成员之间能够有效地沟通。

一、销售订单

市场								
季度								
门店类型								
产品名称								
零售价								
订单数量								
订单销售额								

市场								
季度								
门店类型								
产品名称								

表(续)

市场								
零售价								
订单数量								
订单销售额								

二、预测-备货-采购计划

东部:

	采购计划				备货计划				明年预测
	Q1	Q2	Q3	Q4	Q1	Q2	Q3	Q4	
Beryl									
Crystal									
Ruby									
Sapphire									

南部:

	采购计划				备货计划				明年预测
	Q1	Q2	Q3	Q4	Q1	Q2	Q3	Q4	
Beryl									
Crystal									
Ruby									
Sapphire									

三、仓储配送计划

东部:

	配送计划				终端需求							
	Q1	Q2	Q3	Q4	Q1		Q2		Q3		Q4	
					店型	数量	店型	数量	店型	数量	店型	数量
Beryl												
Crystal												
Ruby												
Sapphire												

四、总部铺货计划

东部：

	配送计划				铺货计划							
	Q1	Q2	Q3	Q4	Q1		Q2		Q3		Q4	
					店型	数量	店型	数量	店型	数量	店型	数量
Beryl												
Crystal												
Ruby												
Sapphire												

南部：

	配送计划				铺货计划							
	Q1	Q2	Q3	Q4	Q1		Q2		Q3		Q4	
					店型	数量	店型	数量	店型	数量	店型	数量
Beryl												
Crystal												
Ruby												
Sapphire												

五、总部配送记录

市场								
季度								
门店名称								
产品名称								
门店进货价								
配送数量								
总部销售额								
总部采购成本								
入库时间								

市场								
季度								
门店名称								
产品名称								
门店进货价								
配送数量								
总部销售额								
总部采购成本								
入库时间								

六、任务清单

年初任务：

总部	（1）缴纳上一年度税金 （2）缴纳广告费 （3）登记销售订单	□ □ □
门店	（4）缴纳上一年度税金	□

季度任务：

		季度 1	季度 2	季度 3	季度 4
门店	1. 更新短期贷款/还本付息/申请短期贷款	□	□	□	□
总部	2. 更新短期贷款/还本付息/申请短期贷款	□	□	□	□
	3. 更新应付账款/归还应付款	□	□	□	□
	4. 租用新仓库/支付仓库租金/新建仓库	□	□	□	□
	5. （采购环节）运输入库/更新运输	□	□	□	□
	6. 更新采购订单/采购订单交付货运	□	□	□	□
	7. 支付采购货款/采购货款挂应付账	□	□	□	□
	8. 支付（采购环节）运输费用	□	□	□	□
	9. 下采购订单	□	□	□	□
	10. 决策投资新门店/变卖门店	□	□	□	□
	11. 支付专卖店投资款	□	□	□	□
	12. 支付大卖场上架费	□	□	□	□

表(续)

门店	13. 专卖店接受初始投资款 14. 建店初始长贷 15. 支付租金 16. 大卖场接受上架费	□ □ □ □	□ □ □ □	□ □ □ □	□ □ □ □
总部	17. （配送环节）更新运输/运输入店	□	□	□	□
门店	18. 收取总部配送商品，付现或挂应付款	□	□	□	□
总部	19. 收取代理货款/挂应收款	□	□	□	□
门店	20. 向总部申请配货	□	□	□	□
总部	21. 仓库配送商品（填表格：配送记录） 22. 支付（配送环节）运输费	□ □	□ □	□ □	□ □
门店	23. 按销售订单交货，收取货款 24. 支付总部应付款，冲销应付款	□ □	□ □	□ □	□ □
总部	25. 收取门店销售货款，冲销应收款 26. 支付行政管理费（填表格：季度状态表）	□ □	□ □	□ □	□ □

年末任务：

总部	（1）更新长期贷款/支付利息/申请长期贷款 （2）支付仓库维护费 （3）计提折旧 （4）开拓渠道（直销/分销） （5）支付门店返点	□ □ □ □ □
门店	（6）支付运营费用 （7）更新长期贷款/支付利息/申请长期贷款 （8）接受总部返点 （9）清盘	□ □ □ □
总部	（10）门店损失记入坏账 （11）调整与门店的结算比例 （12）关账（填表格：季度状态表）	□ □ □

七、季度状态记录

	Q1	Q2	Q3	Q4/年末
Crystal采购订单	1Q,数量:	1Q,数量:	1Q,数量:	1Q,数量:
Ruby采购订单	1Q,数量:	1Q,数量:	1Q,数量:	1Q,数量:
Sapphire采购订单	2Q,数量: 1Q,数量:	2Q,数量: 1Q,数量:	2Q,数量: 1Q,数量:	2Q,数量: 1Q,数量:
采购运输 火车	2Q,产品-数量: 1Q,产品-数量:	2Q,产品-数量: 1Q,产品-数量:	2Q,产品-数量: 1Q,产品-数量:	2Q,产品-数量: 1Q,产品-数量:
汽车	1Q, 产品–数量:	1Q, 产品–数量:	1Q, 产品–数量:	1Q, 产品–数量:
飞机				
东部仓储	产品-数量:	产品-数量:	产品-数量:	产品-数量:
南部仓储	产品-数量:	产品-数量:	产品-数量:	产品-数量:
北部仓储	产品-数量:	产品-数量:	产品-数量:	产品-数量:
西部仓储	产品-数量:	产品-数量:	产品-数量:	产品-数量:
配送运输 火车	3Q,产品-数量: 2Q,产品-数量: 1Q,产品-数量:	3Q,产品-数量: 2Q,产品-数量: 1Q,产品-数量:	3Q,产品-数量: 2Q,产品-数量: 1Q,产品-数量:	3Q,产品-数量: 2Q,产品-数量: 1Q,产品-数量:
汽车	1Q, 产品–数量:	1Q, 产品–数量:	1Q, 产品–数量:	1Q, 产品–数量:
飞机				
现金				
应收账				
高利贷	账期-数量:	账期-数量:	账期-数量:	账期-数量:
短贷	账期-数量:	账期-数量:	账期-数量:	账期-数量:
长贷	***********	*************	**************	账期-数量:
应付账	账期-数量:	账期-数量:	账期-数量:	账期-数量:
长期投资				
运输费				
买卖订单				
处理门店				
罚金				
分销开拓	******************	******************	******************	
直销开拓	******************	******************	******************	

门店

现金				
商品	产品-数量:	产品-数量:	产品-数量:	产品-数量:
应付账				
长贷	账期-数量:	账期-数量:	账期-数量:	账期-数量:
短贷	账期-数量:	账期-数量:	账期-数量:	账期-数量:
转让商品	产品-金额:	产品-金额:	产品-金额:	产品-金额:

八、总部年报年份

1. 年末的营业费用

运输费	广告费	大卖场上架费	代理商返点	大卖场返点	其他	营业费用合计

2. 年末的财务报表

总部资产负债表

资产	年初数	期末数	负债及所有者权益	年初数	期末数
流动资产：			负债：		
现金			短期负债		
应收账款			应付账款		
在途商品			应交税金		
库存商品			长期负债		
流动资产合计			负债合计		
长期投资					
固定资产：			所有者权益：		
土地净值			股东资本		
房屋净值			以前年度利润		
在建工程			当年净利润		
固定资产合计			所有者权益合计		
资产总计			权益总计		

管理费用明细表

单位：百万元

项目	金额
行政管理费	
仓库租金	
市场开拓费	
折旧费	
维护费	
其他	
合计	

总部损益表

单位：百万元

项目	去年	今年
一、主营业务收入		
减：主营业务成本		
二、主营业务利润		
减：营业费用		
管理费用		
财务费用		
三、营业利润		
加：营业外净收益		
四、利润总额		
减：所得税		
五、净利润		

【课后思考】

1. 第二年回顾：

体会与收获：

____

____

____

计划：

____

____

____

2. 分销体系

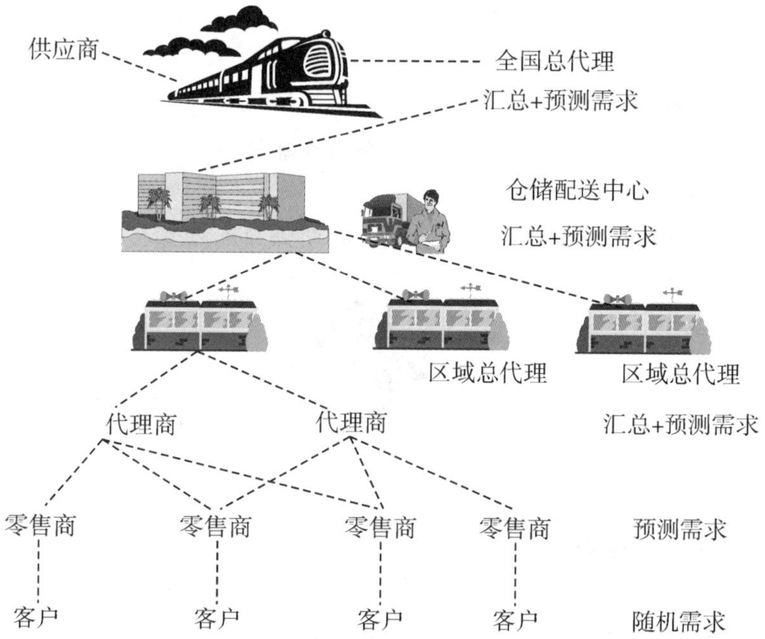

3. 分销体系的复杂性

- 客户需求的随机性
- 运输时间的滞后
- 沟通上的不畅
- 供应商、总代理、代理商、零售商的自主决策依据

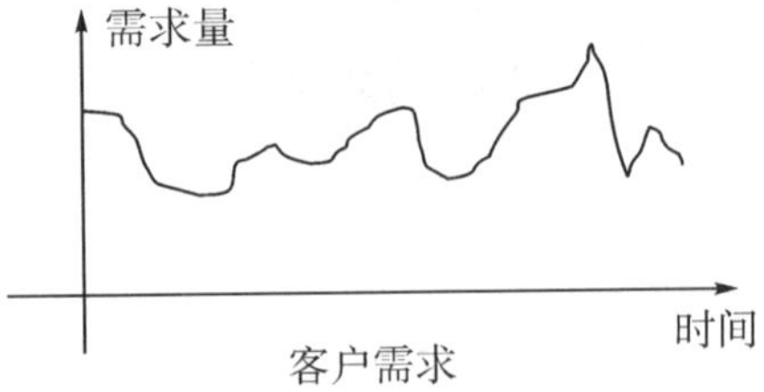

在系统中停留时间越长，则预测的需求变化越大

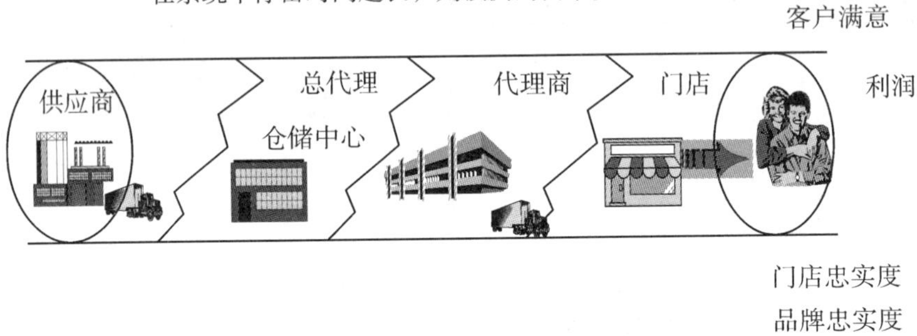

4. 配货补货系统

配货补货系统：拉式系统、推式系统、分销资源计划。

(1) 拉式系统

各需求点自己决定何时需要、需要多少，再向供应点订货。

优点：

需求点之间可独立运营。

缺点：

订货时无法知道其他点的需求，有时只能得到订货的一部分；

需求点做预测时的误差，以及为弥补缺货，将导致需求放大。

(2) 推式系统

从集中存储点推向各需求点；

所有预测和订货决策都是集中的；

只是简单地补充销售出的货物。

优点：

可以达到高水平的集中计划和管理；

适用于短期产品的大量零售分配；

协调成本很低；

典型例子：服装行业，集中预测各商店的需求，发货到零售点。

缺点：

需求点无法决定货物品种和批量；
在货物缺少时很难重订货；
无法提高客户服务水平。
5. 分销资源计划
结合了推式系统的优点：协调计划和管理；
结合了拉式系统的优点：反映需求的能力；
适用于复杂，多层次的分配。

提前期：2 周，批量：250　需求点 A

		周							
		1	2	3	4	5	6	7	8
毛需求		80	80	80	80	80	90	90	90
计划入库									
预计库存	204	124	44	214	134	54	214	124	34
计划订单入库				250			250		
计划订单下达		250			250				

提前期：2 周，批量：100　需求点 B

		周							
		1	2	3	4	5	6	7	8
毛需求		30	30	30	35	35	35	35	35
计划入库									
预计库存	100	70	40	10	75	40	5	70	35
计划订单入库					100			100	
计划订单下达			100			100			

提前期：2 周，批量：600　供应点 C

		周							
		1	2	3	4	5	6	7	8
毛需求		250	100		250	100			
计划入库									
预计库存	450	200	100	100	450	350	350	350	350
计划订单入库					600				
计划订单下达			600						

项目八 ERP 商业沙盘第三年经营

■**知识目标**

完成 ERP 商业沙盘第三年经营。

■**能力目标**

1. 培养学生运用理论知识进行实践实训的能力。
2. 具备在对企业进行经营管理的过程中，有解决实际问题的能力。

一、销售订单

市场								
季度								
门店类型								
产品名称								
零售价								
订单数量								
订单销售额								

市场								
季度								
门店类型								
产品名称								
零售价								
订单数量								
订单销售额								

二、预测-备货-采购计划

东部：

	采购计划				备货计划				明年预测
	Q1	Q2	Q3	Q4	Q1	Q2	Q3	Q4	
Beryl									
Crystal									
Ruby									
Sapphire									

南部：

	采购计划				备货计划				明年预测
	Q1	Q2	Q3	Q4	Q1	Q2	Q3	Q4	
Beryl									
Crystal									
Ruby									
Sapphire									

三、仓储配送计划

东部：

	配送计划				终端需求							
	Q1	Q2	Q3	Q4	Q1		Q2		Q3		Q4	
					店型	数量	店型	数量	店型	数量	店型	数量
Beryl												
Crystal												
Ruby												
Sapphire												

四、总部铺货计划

东部：

	配送计划				铺货计划							
	Q1	Q2	Q3	Q4	Q1		Q2		Q3		Q4	
					店型	数量	店型	数量	店型	数量	店型	数量
Beryl												
Crystal												
Ruby												
Sapphire												

南部：

	配送计划				铺货计划							
	Q1	Q2	Q3	Q4	Q1		Q2		Q3		Q4	
					店型	数量	店型	数量	店型	数量	店型	数量
Beryl												
Crystal												
Ruby												
Sapphire												

五、总部配送记录

市场								
季度								
门店名称								
产品名称								
门店进货价								
配送数量								
总部销售额								
总部采购成本								
入库时间								

市场								
季度								
门店名称								
产品名称								
门店进货价								
配送数量								
总部销售额								
总部采购成本								
入库时间								

六、任务清单

年初任务：

总部	（1）缴纳上一年度税金 （2）缴纳广告费 （3）登记销售订单	□ □ □
门店	（4）缴纳上一年度税金	□

季度任务：

		季度 1	季度 2	季度 3	季度 4
门店	1. 更新短期贷款/还本付息/申请短期贷款	□	□	□	□
总部	2. 更新短期贷款/还本付息/申请短期贷款	□	□	□	□
	3. 更新应付账款/归还应付款	□	□	□	□
	4. 租用新仓库/支付仓库租金/新建仓库	□	□	□	□
	5.（采购环节）运输入库/更新运输	□	□	□	□
	6. 更新采购订单/采购订单交付货运	□	□	□	□
	7. 支付采购货款/采购货款挂应付账	□	□	□	□
	8. 支付（采购环节）运输费用	□	□	□	□
	9. 下采购订单	□	□	□	□
	10. 决策投资新门店/变卖门店	□	□	□	□
	11. 支付专卖店投资款	□	□	□	□
	12. 支付大卖场上架费	□	□	□	□

表(续)

门店	13. 专卖店接受初始投资款 14. 建店初始长贷 15. 支付租金 16. 大卖场接受上架费	□ □ □ □	□ □ □ □	□ □ □ □	□ □ □ □
总部	17. （配送环节）更新运输/运输入店	□	□	□	□
门店	18. 收取总部配送商品，付现或挂应付款	□	□	□	□
总部	19. 收取代理货款/挂应收款	□	□	□	□
门店	20. 向总部申请配货	□	□	□	□
总部	21. 仓库配送商品（填表格：配送记录） 22. 支付（配送环节）运输费	□ □	□ □	□ □	□ □
门店	23. 按销售订单交货，收取货款 24. 支付总部应付款，冲销应付款	□ □	□ □	□ □	□ □
总部	25. 收取门店销售货款，冲销应收款 26. 支付行政管理费(填表格：季度状态表)	□ □	□ □	□ □	□ □

年末任务：

总部	（1）更新长期贷款/支付利息/申请长期贷款 （2）支付仓库维护费 （3）计提折旧 （4）开拓渠道（直销/分销） （5）支付门店返点	□ □ □ □ □
门店	（6）支付运营费用 （7）更新长期贷款/支付利息/申请长期贷款 （8）接受总部返点 （9）清盘	□ □ □ □
总部	（10）门店损失记入坏账 （11）调整与门店的结算比例 （12）关账（填表格：季度状态表）	□ □ □

七、季度状态记录

	Q1	Q2	Q3	Q4/年末
Crystal采购订单	1Q,数量:	1Q,数量:	1Q,数量:	1Q,数量:
Ruby采购订单	1Q,数量:	1Q,数量:	1Q,数量:	1Q,数量:
Sapphire采购订单	2Q,数量: 1Q,数量:	2Q,数量: 1Q,数量:	2Q,数量: 1Q,数量:	2Q,数量: 1Q,数量:
采购运输 火车	2Q,产品-数量: 1Q,产品-数量:	2Q,产品-数量: 1Q,产品-数量:	2Q,产品-数量: 1Q,产品-数量:	2Q,产品-数量: 1Q,产品-数量:
汽车	1Q,产品–数量:	1Q,产品–数量:	1Q,产品–数量:	1Q,产品–数量:
飞机				
东部仓储	产品-数量:	产品-数量:	产品-数量:	产品-数量:
南部仓储	产品-数量:	产品-数量:	产品-数量:	产品-数量:
北部仓储	产品-数量:	产品-数量:	产品-数量:	产品-数量:
西部仓储	产品-数量:	产品-数量:	产品-数量:	产品-数量:
配送运输 火车	3Q,产品-数量: 2Q,产品-数量: 1Q,产品-数量:	3Q,产品-数量: 2Q,产品-数量: 1Q,产品-数量:	3Q,产品-数量: 2Q,产品-数量: 1Q,产品-数量:	3Q,产品-数量: 2Q,产品-数量: 1Q,产品-数量:
汽车	1Q,产品–数量:	1Q,产品–数量:	1Q,产品–数量:	1Q,产品–数量:
飞机				
现金				
应收账				
高利贷	账期-数量:	账期-数量:	账期-数量:	账期-数量:
短贷	账期-数量:	账期-数量:	账期-数量:	账期-数量:
长贷	***********	*************	**************	账期-数量:
应付账	账期-数量:	账期-数量:	账期-数量:	账期-数量:
长期投资				
运输费				
买卖订单				
处理门店				
罚金				
分销开拓	******************	******************	******************	
直销开拓	******************	******************	******************	

门店

现金				
商品	产品-数量:	产品-数量:	产品-数量:	产品-数量:
应付账				
长贷	账期-数量:	账期-数量:	账期-数量:	账期-数量:
短贷	账期-数量:	账期-数量:	账期-数量:	账期-数量:
转让商品	产品-金额:	产品-金额:	产品-金额:	产品-金额:

八、总部年报年份

1. 年末的营业费用

运输费	广告费	大卖场上架费	代理商返点	大卖场返点	其他	营业费用合计

2. 年末的财务报表

总部资产负债表

资产	年初数	期末数	负债及所有者权益	年初数	期末数
流动资产：			负债：		
现金			短期负债		
应收账款			应付账款		
在途商品			应交税金		
库存商品			长期负债		
流动资产合计			负债合计		
长期投资					
固定资产：			所有者权益：		
土地净值			股东资本		
房屋净值			以前年度利润		
在建工程			当年净利润		
固定资产合计			所有者权益合计		
资产总计			权益总计		

管理费用明细表

单位：百万元

项目	金额
行政管理费	
仓库租金	
市场开拓费	
折旧费	
维护费	
其他	
合计	

总部损益表

单位：百万元

项目	去年	今年
一、主营业务收入		
减：主营业务成本		
二、主营业务利润		
减：营业费用		
管理费用		
财务费用		
三、营业利润		
加：营业外净收益		
四、利润总额		
减：所得税		
五、净利润		

【课后思考】

1. 第三年回顾：

体会与收获：

____

____

____

计划：

____

____

____

2. 中外零售业的盈利模式

国外零售业的盈利模式：吃差价模式；采购价与零售价差价；压缩运营成本和费用。

前提：扩大销售网点，提高销售规模，降低从供应商的采购价格

盈利：零售价-采购价-运营成本>0

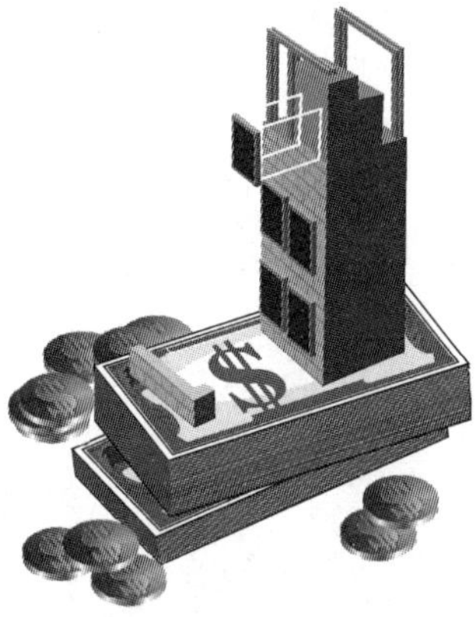

中国零售业的盈利模式：

吃差价，吃供应商

扩大网点，维持低价，吸引更多消费者

以高销售量和采购量要挟供应商加大返利，交纳更多进场费

盈利：零售价-采购价-运营成本+返利+进场费……>0

剔除“进场费”等费用后，几乎所有的中国零售企业主营业务都亏损

3. 提升资金链的利用效率

企业必须要解决好两个根本问题：商品周转率和单店盈利能力。

“中国早期连锁教父”徐刚

提升单店盈利能力

加快商品周转率

提升资金周转效率

现金结算
加快应收账款
控制应付账款
加大信用控制力度，减少坏账损失率
降低运营成本
营销成本（Marketing）：节省广告、促销费用
采购成本：规模效应，低价进货
物流成本（装卸、储存、运输）：国际5%~35%，中国50%以上

项目九 ERP 商业沙盘第四年经营

■知识目标

完成 ERP 商业沙盘第四年经营。

■能力目标

1. 培养学生运用理论知识进行实践实训的能力。

2. 在日常的工作学习中，能熟练地将理论知识运用到工作实践中，发挥团队协作能力，善于人际沟通，培养工匠精神。

一、销售订单

市场								
季度								
门店类型								
产品名称								
零售价								
订单数量								
订单销售额								

市场								
季度								
门店类型								
产品名称								
零售价								

表(续)

订单数量								
订单销售额								

二、预测-备货-采购计划

东部:

	采购计划				备货计划				明年预测
	Q1	Q2	Q3	Q4	Q1	Q2	Q3	Q4	
Beryl									
Crystal									
Ruby									
Sapphire									

南部:

	采购计划				备货计划				明年预测
	Q1	Q2	Q3	Q4	Q1	Q2	Q3	Q4	
Beryl									
Crystal									
Ruby									
Sapphire									

三、仓储配送计划

东部:

	配送计划				终端需求							
	Q1	Q2	Q3	Q4	Q1		Q2		Q3		Q4	
					店型	数量	店型	数量	店型	数量	店型	数量
Beryl												
Crystal												
Ruby												
Sapphire												

四、总部铺货计划

东部：

	配送计划				铺货计划							
	Q1	Q2	Q3	Q4	Q1		Q2		Q3		Q4	
					店型	数量	店型	数量	店型	数量	店型	数量
Beryl												
Crystal												
Ruby												
Sapphire												

南部：

	配送计划				铺货计划							
	Q1	Q2	Q3	Q4	Q1		Q2		Q3		Q4	
					店型	数量	店型	数量	店型	数量	店型	数量
Beryl												
Crystal												
Ruby												
Sapphire												

五、总部配送记录

市场								
季度								
门店名称								
产品名称								
门店进货价								
配送数量								
总部销售额								
总部采购成本								
入库时间								

市场								
季度								
门店名称								
产品名称								
门店进货价								
配送数量								
总部销售额								
总部采购成本								
入库时间								

六、任务清单

年初任务：

总部	（1）缴纳上一年度税金	□
	（2）缴纳广告费	□
	（3）登记销售订单	□
门店	（4）缴纳上一年度税金	□

季度任务：

		季度 1	季度 2	季度 3	季度 4
门店	1. 更新短期贷款/还本付息/申请短期贷款	□	□	□	□
总部	2. 更新短期贷款/还本付息/申请短期贷款	□	□	□	□
	3. 更新应付账款/归还应付款	□	□	□	□
	4. 租用新仓库/支付仓库租金/新建仓库	□	□	□	□
	5. （采购环节）运输入库/更新运输	□	□	□	□
	6. 更新采购订单/采购订单交付货运	□	□	□	□
	7. 支付采购货款/采购货款挂应付账	□	□	□	□
	8. 支付（采购环节）运输费用	□	□	□	□
	9. 下采购订单	□	□	□	□
	10. 决策投资新门店/变卖门店	□	□	□	□
	11. 支付专卖店投资款	□	□	□	□
	12. 支付大卖场上架费	□	□	□	□

表(续)

门店	13. 专卖店接受初始投资款 14. 建店初始长贷 15. 支付租金 16. 大卖场接受上架费	☐ ☐ ☐ ☐	☐ ☐ ☐ ☐	☐ ☐ ☐ ☐	☐ ☐ ☐ ☐
总部	17. （配送环节）更新运输/运输入店	☐	☐	☐	☐
门店	18. 收取总部配送商品，付现或挂应付款	☐	☐	☐	☐
总部	19. 收取代理货款/挂应收款	☐	☐	☐	☐
门店	20. 向总部申请配货	☐	☐	☐	☐
总部	21. 仓库配送商品（填表格：配送记录） 22. 支付（配送环节）运输费	☐ ☐	☐ ☐	☐ ☐	☐ ☐
门店	23. 按销售订单交货，收取货款 24. 支付总部应付款，冲销应付款	☐ ☐	☐ ☐	☐ ☐	☐ ☐
总部	25. 收取门店销售货款，冲销应收款 26. 支付行政管理费(填表格：季度状态表)	☐ ☐	☐ ☐	☐ ☐	☐ ☐

年末任务：

总部	（1）更新长期贷款/支付利息/申请长期贷款 （2）支付仓库维护费 （3）计提折旧 （4）开拓渠道（直销/分销） （5）支付门店返点	☐ ☐ ☐ ☐ ☐
门店	（6）支付运营费用 （7）更新长期贷款/支付利息/申请长期贷款 （8）接受总部返点 （9）清盘	☐ ☐ ☐ ☐
总部	（10）门店损失记入坏账 （11）调整与门店的结算比例 （12）关账（填表格：季度状态表）	☐ ☐ ☐

七、季度状态记录

	Q1	Q2	Q3	Q4/年末
Crystal采购订单	1Q,数量：	1Q,数量：	1Q,数量：	1Q,数量：
Ruby采购订单	1Q,数量：	1Q,数量：	1Q,数量：	1Q,数量：
Sapphire采购订单	2Q,数量： 1Q,数量：	2Q,数量： 1Q,数量：	2Q,数量： 1Q,数量：	2Q,数量： 1Q,数量：
采购运输 火车	2Q,产品-数量： 1Q,产品-数量：	2Q,产品-数量： 1Q,产品-数量：	2Q,产品-数量： 1Q,产品-数量：	2Q,产品-数量： 1Q,产品-数量：
汽车	1Q, 产品-数量：	1Q, 产品-数量：	1Q, 产品-数量：	1Q, 产品-数量：
飞机				
东部仓储	产品-数量：	产品-数量：	产品-数量：	产品-数量：
南部仓储	产品-数量：	产品-数量：	产品-数量：	产品-数量：
北部仓储	产品-数量：	产品-数量：	产品-数量：	产品-数量：
西部仓储	产品-数量：	产品-数量：	产品-数量：	产品-数量：
配送运输 火车	3Q,产品-数量： 2Q,产品-数量： 1Q,产品-数量：	3Q,产品-数量： 2Q,产品-数量： 1Q,产品-数量：	3Q,产品-数量： 2Q,产品-数量： 1Q,产品-数量：	3Q,产品-数量： 2Q,产品-数量： 1Q,产品-数量：
汽车	1Q, 产品-数量：	1Q, 产品-数量：	1Q, 产品-数量：	1Q, 产品-数量：
飞机				
现金				
应收账				
高利贷	账期-数量：	账期-数量：	账期-数量：	账期-数量：
短贷	账期-数量：	账期-数量：	账期-数量：	账期-数量：
长贷	***********	*************	**************	账期-数量：
应付账	账期-数量：	账期-数量：	账期-数量：	账期-数量：
长期投资				
运输费				
买卖订单				
处理门店				
罚金				
分销开拓	******************	******************	******************	
直销开拓	******************	******************	******************	

门店

现金				
商品	产品-数量：	产品-数量：	产品-数量：	产品-数量：
应付账				
长贷	账期-数量：	账期-数量：	账期-数量：	账期-数量：
短贷	账期-数量：	账期-数量：	账期-数量：	账期-数量：
转让商品	产品-金额：	产品-金额：	产品-金额：	产品-金额：

八、总部年报年份

1. 年末的营业费用

运输费	广告费	大卖场上架费	代理商返点	大卖场返点	其他	营业费用合计

2. 年末的财务报表

总部资产负债表

资产	年初数	期末数	负债及所有者权益	年初数	期末数
流动资产：			负债：		
现金			短期负债		
应收账款			应付账款		
在途商品			应交税金		
库存商品			长期负债		
流动资产合计			负债合计		
长期投资					
固定资产：			所有者权益：		
土地净值			股东资本		
房屋净值			以前年度利润		
在建工程			当年净利润		
固定资产合计			所有者权益合计		
资产总计			权益总计		

管理费用明细表

单位：百万元

项目	金额
行政管理费	
仓库租金	
市场开拓费	
折旧费	
维护费	
其他	
合计	

总部损益表

单位：百万元

项目	去年	今年
一、主营业务收入		
减：主营业务成本		
二、主营业务利润		
减：营业费用		
管理费用		
财务费用		
三、营业利润		
加：营业外净收益		
四、利润总额		
减：所得税		
五、净利润		

【课后思考】

1. 第四年回顾：

体会与收获：

计划：

2. 渠道与销售终端

渠道与终端

直销

网上直销

店面直销

邮购

电话行销

多层次直接销售体系

分销

代理

加盟

典型的销售终端

专卖店

代理店

大卖场

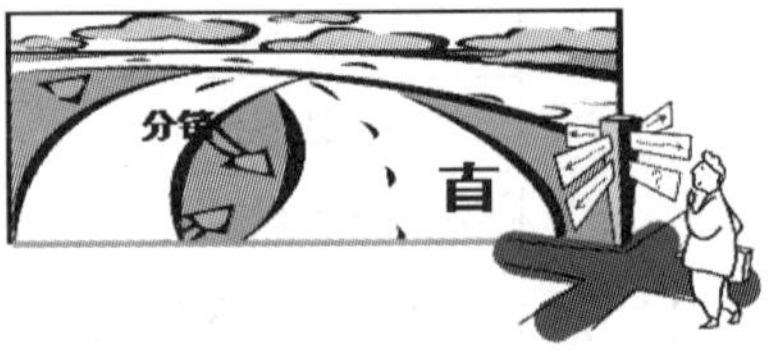

3. 渠道建立策略

DELL®

(1) Dell：直销

营销方式：

热线电话

网上订购

营销模式的改变：
支付方式
先付款，再发货
高效的供应链系统
在承诺的时间准时交货率为99.8%
高效的服务体系
第一次上门解决客户问题率90%
（电话、网络）在线解决客户问题率70%
大规模定制方式
客户自行配置系统
大规模采购，大规模制造
零库存生产
按客户订单生产，确保零库存
（2）奥迪：分销
渠道经营理念：
原则上不做直销
百分之百支持代理商
发展代理商标准：
注重代理商的质量
严格控制代理商数目
代理商要能体现出奥迪坚专业的品牌形象
代理商需经过仔细的认证授权和严格的技术培训

（3）决定直销还是分销？
根据产品种类：日用品、汽车、家电
根据客户分布状况：本地、全国，或者密集型、分散型
指导原则
提升市场占有率，完善企业品牌，帮助经销商成长
发展原则
培养经销商至更高等级，区域保护，利润保障
维护原则
经销商等级区分政策，逐步发展
渠道建设

区域经理帮助经销商开发、维护客户
配套的服务与技术支持
推广方案与激励政策：不同级别，不同返点与推广策略
销售终端的价值取向
大卖场：一站式购物的体验，天天低价的超值享受
专卖店：品牌形象的延伸
代理店：以较低的成本运作，布局较大的市场网络

项目十 ERP 商业沙盘第五年经营

■知识目标

完成 ERP 商业沙盘第五年经营。

■能力目标

1. 培养学生运用理论知识进行实践实训的能力。

2. 在日常的工作学习中，善于发现问题，分析问题，解决问题，达到组织目标。

一、销售订单

市场								
季度								
门店类型								
产品名称								
零售价								
订单数量								
订单销售额								

市场								
季度								
门店类型								
产品名称								
零售价								

表(续)

市场								
订单数量								
订单销售额								

二、预测-备货-采购计划

东部:

	采购计划				备货计划				明年预测
	Q1	Q2	Q3	Q4	Q1	Q2	Q3	Q4	
Beryl									
Crystal									
Ruby									
Sapphire									

南部:

	采购计划				备货计划				明年预测
	Q1	Q2	Q3	Q4	Q1	Q2	Q3	Q4	
Beryl									
Crystal									
Ruby									
Sapphire									

三、仓储配送计划

东部:

	配送计划				终端需求							
	Q1	Q2	Q3	Q4	Q1		Q2		Q3		Q4	
					店型	数量	店型	数量	店型	数量	店型	数量
Beryl												
Crystal												
Ruby												
Sapphire												

四、总部铺货计划

东部：

	配送计划				铺货计划							
	Q1	Q2	Q3	Q4	Q1		Q2		Q3		Q4	
					店型	数量	店型	数量	店型	数量	店型	数量
Beryl												
Crystal												
Ruby												
Sapphire												

南部：

	配送计划				铺货计划							
	Q1	Q2	Q3	Q4	Q1		Q2		Q3		Q4	
					店型	数量	店型	数量	店型	数量	店型	数量
Beryl												
Crystal												
Ruby												
Sapphire												

五、总部配送记录

市场								
季度								
门店名称								
产品名称								
门店进货价								
配送数量								
总部销售额								
总部采购成本								
入库时间								

市场								
季度								
门店名称								
产品名称								
门店进货价								
配送数量								
总部销售额								
总部采购成本								
入库时间								

六、任务清单

年初任务：

总部	(1) 缴纳上一年度税金	☐
	(2) 缴纳广告费	☐
	(3) 登记销售订单	☐
门店	(4) 缴纳上一年度税金	☐

季度任务：

		季度 1	季度 2	季度 3	季度 4
门店	1. 更新短期贷款/还本付息/申请短期贷款	☐	☐	☐	☐
总部	2. 更新短期贷款/还本付息/申请短期贷款	☐	☐	☐	☐
	3. 更新应付账款/归还应付款	☐	☐	☐	☐
	4. 租用新仓库/支付仓库租金/新建仓库	☐	☐	☐	☐
	5. （采购环节）运输入库/更新运输	☐	☐	☐	☐
	6. 更新采购订单/采购订单交付货运	☐	☐	☐	☐
	7. 支付采购货款/采购货款挂应付账	☐	☐	☐	☐
	8. 支付（采购环节）运输费用	☐	☐	☐	☐
	9. 下采购订单	☐	☐	☐	☐
	10. 决策投资新门店/变卖门店	☐	☐	☐	☐
	11. 支付专卖店投资款	☐	☐	☐	☐
	12. 支付大卖场上架费	☐	☐	☐	☐

表(续)

门店	13. 专卖店接受初始投资款 14. 建店初始长贷 15. 支付租金 16. 大卖场接受上架费	□ □ □ □	□ □ □ □	□ □ □ □	□ □ □ □
总部	17. （配送环节）更新运输/运输入店	□	□	□	□
门店	18. 收取总部配送商品，付现或挂应付款	□	□	□	□
总部	19. 收取代理货款/挂应收款	□	□	□	□
门店	20. 向总部申请配货	□	□	□	□
总部	21. 仓库配送商品（填表格：配送记录） 22. 支付（配送环节）运输费	□ □	□ □	□ □	□ □
门店	23. 按销售订单交货，收取货款 24. 支付总部应付款，冲销应付款	□ □	□ □	□ □	□ □
总部	25. 收取门店销售货款，冲销应收款 26. 支付行政管理费(填表格：季度状态表)	□ □	□ □	□ □	□ □

年末任务：

总部	（1）更新长期贷款/支付利息/申请长期贷款 （2）支付仓库维护费 （3）计提折旧 （4）开拓渠道（直销/分销） （5）支付门店返点	□ □ □ □ □
门店	（6）支付运营费用 （7）更新长期贷款/支付利息/申请长期贷款 （8）接受总部返点 （9）清盘	□ □ □ □
总部	（10）门店损失记入坏账 （11）调整与门店的结算比例 （12）关账（填表格：季度状态表）	□ □ □

七、季度状态记录

	Q1	Q2	Q3	Q4/年末
Crystal采购订单	1Q,数量:	1Q,数量:	1Q,数量:	1Q,数量:
Ruby采购订单	1Q,数量:	1Q,数量:	1Q,数量:	1Q,数量:
Sapphire采购订单	2Q,数量: 1Q,数量:	2Q,数量: 1Q,数量:	2Q,数量: 1Q,数量:	2Q,数量: 1Q,数量:
采购运输 火车	2Q,产品-数量: 1Q,产品-数量:	2Q,产品-数量: 1Q,产品-数量:	2Q,产品-数量: 1Q,产品-数量:	2Q,产品-数量: 1Q,产品-数量:
汽车	1Q, 产品-数量:	1Q, 产品-数量:	1Q, 产品-数量:	1Q, 产品-数量:
飞机				
东部仓储	产品-数量:	产品-数量:	产品-数量:	产品-数量:
南部仓储	产品-数量:	产品-数量:	产品-数量:	产品-数量:
北部仓储	产品-数量:	产品-数量:	产品-数量:	产品-数量:
西部仓储	产品-数量:	产品-数量:	产品-数量:	产品-数量:
配送运输 火车	3Q,产品-数量: 2Q,产品-数量: 1Q,产品-数量:	3Q,产品-数量: 2Q,产品-数量: 1Q,产品-数量:	3Q,产品-数量: 2Q,产品-数量: 1Q,产品-数量:	3Q,产品-数量: 2Q,产品-数量: 1Q,产品-数量:
汽车	1Q, 产品-数量:	1Q, 产品-数量:	1Q, 产品-数量:	1Q, 产品-数量:
飞机				
现金				
应收账				
高利贷	账期-数量:	账期-数量:	账期-数量:	账期-数量:
短贷	账期-数量:	账期-数量:	账期-数量:	账期-数量:
长贷	***********	*************	**************	账期-数量:
应付账	账期-数量:	账期-数量:	账期-数量:	账期-数量:
长期投资				
运输费				
买卖订单				
处理门店				
罚金				
分销开拓	******************	******************	******************	
直销开拓	******************	******************	******************	

门店

现金				
商品	产品-数量:	产品-数量:	产品-数量:	产品-数量:
应付账				
长贷	账期-数量:	账期-数量:	账期-数量:	账期-数量:
短贷	账期-数量:	账期-数量:	账期-数量:	账期-数量:
转让商品	产品-金额:	产品-金额:	产品-金额:	产品-金额:

八、总部年报年份

1. 年末的营业费用

运输费	广告费	大卖场上架费	代理商返点	大卖场返点	其他	营业费用合计

2. 年末的财务报表

总部资产负债表

资产	年初数	期末数	负债及所有者权益	年初数	期末数
流动资产：			负债：		
现金			短期负债		
应收账款			应付账款		
在途商品			应交税金		
库存商品			长期负债		
流动资产合计			负债合计		
长期投资					
固定资产：			所有者权益：		
土地净值			股东资本		
房屋净值			以前年度利润		
在建工程			当年净利润		
固定资产合计			所有者权益合计		
资产总计			权益总计		

管理费用明细表

单位：百万元

项目	金额
行政管理费	
仓库租金	
市场开拓费	
折旧费	
维护费	
其他	
合计	

总部损益表

单位：百万元

项目	去年	今年
一、主营业务收入		
减：主营业务成本		
二、主营业务利润		
减：营业费用		
管理费用		
财务费用		
三、营业利润		
加：营业外净收益		
四、利润总额		
减：所得税		
五、净利润		

【课后思考】

1. 第五年回顾：

体会与收获：

计划：

2. 营销运作

品牌营销

品类管理

产品、价格和促销数据库

优化商品组合

优化促销

优化新产品引进

货架优化

3. 品牌营销

(1) 沃尔玛给人的第一印象：廉价，质量可信

质量保证，货源充足

保证供应商利益，帮助供应商降低成本

“顾客永远是对的”，微笑退货制度

WAL★MART®
ALWAYS LOW PRICES. Always

(2) 国美三招品牌战术

第一招：动摇军心

第二招：开业震撼

GOME 国美电器

第三招：高举高打，以领导者的姿态制造“事件营销”，控制供应商

品牌的核心

逐渐形成顾客的第一认知感

累积一批忠实消费者，多年来始终跟随
品牌需长期经营，完善多方面的制度
4. 品类管理
店铺产品摆放、搭配和促销组合是否能够吸引每一位经过的消费者？
如果不能，影响程度多大？
婴儿的“纸尿裤”和啤酒摆放在一起
了解顾客需要，提高顾客需求，确保适当的货品在适当的时候放置在适当的地点，并且以顾客接受的价钱发售
合理的安排货架的空间，实现商品销售的最大化
同时带动合理安排商品的库存周转，不产生积压资金，无热销品断货
有利于刺激消费、加速产品流动、增加品牌和零售商的竞争力

技术与数据：商品购买关联性分析

5. 促销策略
通过广告提供购买理由，通过促销确保购买
制造商促销：发展品牌忠诚度，鼓励品牌转换，促进铺货率，消化库存
零售商促销：吸引客流量、发展对门店的忠诚度、增加平均消费量

销售促销的形式
折价券（或代金券）
样品派送
有奖活动
加大包装不加价
绑定赠品
印花累计折扣，换赠品

促销利弊
利：刺激消费
弊：短期销售增长，长期销售可能受损

项目十一 ERP商业沙盘第六年经营

■知识目标

完成ERP商业沙盘第六年经营。

■能力目标

1. 培养学生运用理论知识进行实践实训的能力。

2. 在日常的工作学习中，发挥团队协作能力，善于同团队成员进行沟通，提高工作技能，培养工匠精神。

一、销售订单

市场								
季度								
门店类型								
产品名称								
零售价								
订单数量								
订单销售额								

市场								
季度								
门店类型								
产品名称								
零售价								

表(续)

市场								
订单数量								
订单销售额								

二、预测-备货-采购计划

东部：

	采购计划				备货计划				明年预测
	Q1	Q2	Q3	Q4	Q1	Q2	Q3	Q4	
Beryl									
Crystal									
Ruby									
Sapphire									

南部：

	采购计划				备货计划				明年预测
	Q1	Q2	Q3	Q4	Q1	Q2	Q3	Q4	
Beryl									
Crystal									
Ruby									
Sapphire									

三、仓储配送计划

东部：

	配送计划				终端需求							
	Q1	Q2	Q3	Q4	Q1		Q2		Q3		Q4	
					店型	数量	店型	数量	店型	数量	店型	数量
Beryl												
Crystal												
Ruby												
Sapphire												

四、总部铺货计划

东部：

	配送计划				铺货计划							
	Q1	Q2	Q3	Q4	Q1		Q2		Q3		Q4	
					店型	数量	店型	数量	店型	数量	店型	数量
Beryl												
Crystal												
Ruby												
Sapphire												

南部：

	配送计划				铺货计划							
	Q1	Q2	Q3	Q4	Q1		Q2		Q3		Q4	
					店型	数量	店型	数量	店型	数量	店型	数量
Beryl												
Crystal												
Ruby												
Sapphire												

五、总部配送记录

市场								
季度								
门店名称								
产品名称								
门店进货价								
配送数量								
总部销售额								
总部采购成本								
入库时间								

市场								
季度								
门店名称								
产品名称								
门店进货价								
配送数量								
总部销售额								
总部采购成本								
入库时间								

六、任务清单

年初任务：

总部	（1）缴纳上一年度税金 （2）缴纳广告费 （3）登记销售订单	□ □ □
门店	（4）缴纳上一年度税金	□

季度任务：

		季度 1	季度 2	季度 3	季度 4
门店	1. 更新短期贷款/还本付息/申请短期贷款	□	□	□	□
总部	2. 更新短期贷款/还本付息/申请短期贷款	□	□	□	□
	3. 更新应付账款/归还应付款	□	□	□	□
	4. 租用新仓库/支付仓库租金/新建仓库	□	□	□	□
	5. （采购环节）运输入库/更新运输	□	□	□	□
	6. 更新采购订单/采购订单交付货运	□	□	□	□
	7. 支付采购货款/采购货款挂应付账	□	□	□	□
	8. 支付（采购环节）运输费用	□	□	□	□
	9. 下采购订单	□	□	□	□
	10. 决策投资新门店/变卖门店	□	□	□	□
	11. 支付专卖店投资款	□	□	□	□
	12. 支付大卖场上架费	□	□	□	□

表(续)

门店	13. 专卖店接受初始投资款 14. 建店初始长贷 15. 支付租金 16. 大卖场接受上架费	□ □ □ □	□ □ □ □	□ □ □ □	□ □ □ □
总部	17. （配送环节）更新运输/运输入店	□	□	□	□
门店	18. 收取总部配送商品，付现或挂应付款	□	□	□	□
总部	19. 收取代理货款/挂应收款	□	□	□	□
门店	20. 向总部申请配货	□	□	□	□
总部	21. 仓库配送商品（填表格：配送记录） 22. 支付（配送环节）运输费	□ □	□ □	□ □	□ □
门店	23. 按销售订单交货，收取货款 24. 支付总部应付款，冲销应付款	□ □	□ □	□ □	□ □
总部	25. 收取门店销售货款，冲销应收款 26. 支付行政管理费(填表格：季度状态表)	□ □	□ □	□ □	□ □

年末任务：

总部	（1）更新长期贷款/支付利息/申请长期贷款 （2）支付仓库维护费 （3）计提折旧 （4）开拓渠道（直销/分销） （5）支付门店返点	□ □ □ □ □
门店	（6）支付运营费用 （7）更新长期贷款/支付利息/申请长期贷款 （8）接受总部返点 （9）清盘	□ □ □ □
总部	（10）门店损失记入坏账 （11）调整与门店的结算比例 （12）关账（填表格：季度状态表）	□ □ □

七、季度状态记录

	Q1	Q2	Q3	Q4/年末
Crystal采购订单	1Q,数量:	1Q,数量:	1Q,数量:	1Q,数量:
Ruby采购订单	1Q,数量:	1Q,数量:	1Q,数量:	1Q,数量:
Sapphire采购订单	2Q,数量: 1Q,数量:	2Q,数量: 1Q,数量:	2Q,数量: 1Q,数量:	2Q,数量: 1Q,数量:
采购运输 火车	2Q,产品-数量: 1Q,产品-数量:	2Q,产品-数量: 1Q,产品-数量:	2Q,产品-数量: 1Q,产品-数量:	2Q,产品-数量: 1Q,产品-数量:
汽车	1Q,产品-数量:	1Q,产品-数量:	1Q,产品-数量:	1Q,产品-数量:
飞机				
东部仓储	产品-数量:	产品-数量:	产品-数量:	产品-数量:
南部仓储	产品-数量:	产品-数量:	产品-数量:	产品-数量:
北部仓储	产品-数量:	产品-数量:	产品-数量:	产品-数量:
西部仓储	产品-数量:	产品-数量:	产品-数量:	产品-数量:
配送运输 火车	3Q,产品-数量: 2Q,产品-数量: 1Q,产品-数量:	3Q,产品-数量: 2Q,产品-数量: 1Q,产品-数量:	3Q,产品-数量: 2Q,产品-数量: 1Q,产品-数量:	3Q,产品-数量: 2Q,产品-数量: 1Q,产品-数量:
汽车	1Q,产品-数量:	1Q,产品-数量:	1Q,产品-数量:	1Q,产品-数量:
飞机				
现金				
应收账				
高利贷	账期-数量:	账期-数量:	账期-数量:	账期-数量:
短贷	账期-数量:	账期-数量:	账期-数量:	账期-数量:
长贷	***********	*************	**************	账期-数量:
应付账	账期-数量:	账期-数量:	账期-数量:	账期-数量:
长期投资				
运输费				
买卖订单				
处理门店				
罚金				
分销开拓	******************	******************	******************	
直销开拓	******************	******************	******************	

门店

现金				
商品	产品-数量:	产品-数量:	产品-数量:	产品-数量:
应付账				
长贷	账期-数量:	账期-数量:	账期-数量:	账期-数量:
短贷	账期-数量:	账期-数量:	账期-数量:	账期-数量:
转让商品	产品-金额:	产品-金额:	产品-金额:	产品-金额:

八、总部年报年份

1. 年末的营业费用

运输费	广告费	大卖场上架费	代理商返点	大卖场返点	其他	营业费用合计

2. 年末的财务报表

总部资产负债表

资产	年初数	期末数	负债及所有者权益	年初数	期末数
流动资产：			负债：		
现金			短期负债		
应收账款			应付账款		
在途商品			应交税金		
库存商品			长期负债		
流动资产合计			负债合计		
长期投资					
固定资产：			所有者权益：		
土地净值			股东资本		
房屋净值			以前年度利润		
在建工程			当年净利润		
固定资产合计			所有者权益合计		
资产总计			权益总计		

管理费用明细表

单位：百万元

项目	金额
行政管理费	
仓库租金	
市场开拓费	
折旧费	
维护费	
其他	
合计	

总部损益表

单位：百万元

项目	去年	今年
一、主营业务收入		
减：主营业务成本		
二、主营业务利润		
减：营业费用		
管理费用		
财务费用		
三、营业利润		
加：营业外净收益		
四、利润总额		
减：所得税		
五、净利润		

【课后思考】

1. 第六年回顾：

体会与收获：

____

____

____

计划：

____

____

____

2. 物流运作技术

- 物流运作技术
- 供应商管理库存 VMI
- 计算机辅助订货 CAO
- 连续补货程序 CRP
- 穿过式配送
- CRP POS 系统
- 商店电子收货系统
- 仓库电子收货系统
- 定期盘点/实时盘点系统
- POS 数据库
- POS 扫描
- 订单管理系统 POM
- 无线射频 RFID
- 物流运作技术
- 空间管理系统
- 供应商执行系统
- 运输路线与车辆计划系统
- 车辆载货优化
- 仓库管理系统
- 待上架商品准备服务
- 进店包装服务

3. 运输路线与车辆计划

承运商运输路线的选择、合理装卸策略、运输车辆的调度、货物配送等进行有效的管理和决策分析（录像）

仓库位置的选择、仓库的容量设置进行有效决策

帮助供应商全面准确获取全国各个中转仓库、经销商、零售商以及各种运输环节之中的产品流动状况，以制定生产计划，调整市场策略

项目十二 ERP 商业沙盘第七年经营

■知识目标

完成 ERP 商业沙盘第七年经营。

■能力目标

1. 培养学生运用理论知识进行实践实训的能力。

2. 善于在项目完成后进行总结，发挥优势，改正缺点，为下一次项目做好准备。

3. 在日常的工作学习中，能熟练地将理论知识运用到工作实践中，发挥团队协作能力，提高工作技能，发扬工匠精神。

一、销售订单

市场								
季度								
门店类型								
产品名称								
零售价								
订单数量								
订单销售额								

市场								
季度								
门店类型								
产品名称								
零售价								

表(续)

市场								
订单数量								
订单销售额								

二、预测-备货-采购计划

东部：

	采购计划				备货计划				明年预测
	Q1	Q2	Q3	Q4	Q1	Q2	Q3	Q4	
Beryl									
Crystal									
Ruby									
Sapphire									

南部：

	采购计划				备货计划				明年预测
	Q1	Q2	Q3	Q4	Q1	Q2	Q3	Q4	
Beryl									
Crystal									
Ruby									
Sapphire									

三、仓储配送计划

东部：

	配送计划				终端需求							
					Q1		Q2		Q3		Q4	
	Q1	Q2	Q3	Q4	店型	数量	店型	数量	店型	数量	店型	数量
Beryl												
Crystal												
Ruby												
Sapphire												

四、总部铺货计划

东部：

	配送计划				铺货计划							
	Q1	Q2	Q3	Q4	Q1		Q2		Q3		Q4	
					店型	数量	店型	数量	店型	数量	店型	数量
Beryl												
Crystal												
Ruby												
Sapphire												

南部：

	配送计划				铺货计划							
	Q1	Q2	Q3	Q4	Q1		Q2		Q3		Q4	
					店型	数量	店型	数量	店型	数量	店型	数量
Beryl												
Crystal												
Ruby												
Sapphire												

五、总部配送记录

市场								
季度								
门店名称								
产品名称								
门店进货价								
配送数量								
总部销售额								
总部采购成本								
入库时间								

市场								
季度								
门店名称								
产品名称								
门店进货价								
配送数量								
总部销售额								
总部采购成本								
入库时间								

六、任务清单

年初任务：

总部	（1）缴纳上一年度税金	□
	（2）缴纳广告费	□
	（3）登记销售订单	□
门店	（4）缴纳上一年度税金	□

季度任务：

		季度 1	季度 2	季度 3	季度 4
门店	1. 更新短期贷款/还本付息/申请短期贷款	□	□	□	□
总部	2. 更新短期贷款/还本付息/申请短期贷款	□	□	□	□
	3. 更新应付账款/归还应付款	□	□	□	□
	4. 租用新仓库/支付仓库租金/新建仓库	□	□	□	□
	5. （采购环节）运输入库/更新运输	□	□	□	□
	6. 更新采购订单/采购订单交付货运	□	□	□	□
	7. 支付采购货款/采购货款挂应付账	□	□	□	□
	8. 支付（采购环节）运输费用	□	□	□	□
	9. 下采购订单	□	□	□	□
	10. 决策投资新门店/变卖门店	□	□	□	□
	11. 支付专卖店投资款	□	□	□	□
	12. 支付大卖场上架费	□	□	□	□

表(续)

门店	13. 专卖店接受初始投资款 14. 建店初始长贷 15. 支付租金 16. 大卖场接受上架费	□ □ □ □	□ □ □ □	□ □ □ □	□ □ □ □
总部	17. （配送环节）更新运输/运输入店	□	□	□	□
门店	18. 收取总部配送商品，付现或挂应付款	□	□	□	□
总部	19. 收取代理货款/挂应收款	□	□	□	□
门店	20. 向总部申请配货	□	□	□	□
总部	21. 仓库配送商品（填表格：配送记录） 22. 支付（配送环节）运输费	□ □	□ □	□ □	□ □
门店	23. 按销售订单交货，收取货款 24. 支付总部应付款，冲销应付款	□ □	□ □	□ □	□ □
总部	25. 收取门店销售货款，冲销应收款 26. 支付行政管理费(填表格：季度状态表)	□ □	□ □	□ □	□ □

年末任务：

总部	（1）更新长期贷款/支付利息/申请长期贷款 （2）支付仓库维护费 （3）计提折旧 （4）开拓渠道（直销/分销） （5）支付门店返点	□ □ □ □ □
门店	（6）支付运营费用 （7）更新长期贷款/支付利息/申请长期贷款 （8）接受总部返点 （9）清盘	□ □ □ □
总部	（10）门店损失记入坏账 （11）调整与门店的结算比例 （12）关账（填表格：季度状态表）	□ □ □

七、季度状态记录

	Q1	Q2	Q3	Q4/年末
Crystal采购订单	1Q,数量:	1Q,数量:	1Q,数量:	1Q,数量:
Ruby采购订单	1Q,数量:	1Q,数量:	1Q,数量:	1Q,数量:
Sapphire采购订单	2Q,数量: 1Q,数量:	2Q,数量: 1Q,数量:	2Q,数量: 1Q,数量:	2Q,数量: 1Q,数量:
采购运输 火车	2Q,产品-数量: 1Q,产品-数量:	2Q,产品-数量: 1Q,产品-数量:	2Q,产品-数量: 1Q,产品-数量:	2Q,产品-数量: 1Q,产品-数量:
汽车	1Q, 产品-数量:	1Q, 产品-数量:	1Q, 产品-数量:	1Q, 产品-数量:
飞机				
东部仓储	产品-数量:	产品-数量:	产品-数量:	产品-数量:
南部仓储	产品-数量:	产品-数量:	产品-数量:	产品-数量:
北部仓储	产品-数量:	产品-数量:	产品-数量:	产品-数量:
西部仓储	产品-数量:	产品-数量:	产品-数量:	产品-数量:
配送运输 火车	3Q,产品-数量: 2Q,产品-数量: 1Q,产品-数量:	3Q,产品-数量: 2Q,产品-数量: 1Q,产品-数量:	3Q,产品-数量: 2Q,产品-数量: 1Q,产品-数量:	3Q,产品-数量: 2Q,产品-数量: 1Q,产品-数量:
汽车	1Q, 产品-数量:	1Q, 产品-数量:	1Q, 产品-数量:	1Q, 产品-数量:
飞机				
现金				
应收账				
高利贷	账期-数量:	账期-数量:	账期-数量:	账期-数量:
短贷	账期-数量:	账期-数量:	账期-数量:	账期-数量:
长贷	***********	*************	**************	账期-数量:
应付账	账期-数量:	账期-数量:	账期-数量:	账期-数量:
长期投资				
运输费				
买卖订单				
处理门店				
罚金				
分销开拓	******************	******************	******************	
直销开拓	******************	******************	******************	

门店

现金				
商品	产品-数量:	产品-数量:	产品-数量:	产品-数量:
应付账				
长贷	账期-数量:	账期-数量:	账期-数量:	账期-数量:
短贷	账期-数量:	账期-数量:	账期-数量:	账期-数量:
转让商品	产品-金额:	产品-金额:	产品-金额:	产品-金额:

八、总部年报年份

1. 年末的营业费用

运输费	广告费	大卖场上架费	代理商返点	大卖场返点	其他	营业费用合计

2. 年末的财务报表

总部资产负债表

资产	年初数	期末数	负债及所有者权益	年初数	期末数
流动资产：			负债：		
现金			短期负债		
应收账款			应付账款		
在途商品			应交税金		
库存商品			长期负债		
流动资产合计			负债合计		
长期投资					
固定资产：			所有者权益：		
土地净值			股东资本		
房屋净值			以前年度利润		
在建工程			当年净利润		
固定资产合计			所有者权益合计		
资产总计			权益总计		

管理费用明细表

单位：百万元

项目	金额
行政管理费	
仓库租金	
市场开拓费	
折旧费	
维护费	
其他	
合计	

总部损益表

单位：百万元

项目	去年	今年
一、主营业务收入		
减：主营业务成本		
二、主营业务利润		
减：营业费用		
管理费用		
财务费用		
三、营业利润		
加：营业外净收益		
四、利润总额		
减：所得税		
五、净利润		

【课后思考】

1. 经营7年之后，你的企业的得失？

____

____

____

你对模拟经营商业企业的感受？

____

____

____

2. 案例分享

我作为果蔬部临时工在深圳山姆会员店40天的所见所闻：

（1）工作时人人会提醒你注意安全；

（2）上货时人人会提醒你先进先出的原则；

（3）人人会提醒你下班了，赶快下班；

（4）上班期间所有的人都在忙，一直到下班；

（5）让人难以想象的是报损和砍损（只要有瑕疵的商品都必须做损耗处理）；

（6）最不可思议的是，每晚销售所剩叶菜基本都要做损耗处理；

（7）上班期间不受防损员和探头的监控；

（8）损耗有一定的指标下限，若达不到，部门领导会挨批——说明销售有猫腻；

（9）果蔬部领导有句格言：销售不好是损耗太低，应该大胆的砍。我们的会员有的是钱，一定要保证商品的靓度；

（10）所有的记录本和资料都是用再生纸；

（11）每天的预算及完成指标都会公布在员工通道，人人共享；

（12）出入口、收银台都有指示牌，里边叠放5元钱。提示语是：我们的员工向您问好了吗？如果没有，请拿走……

附录一　销售数量记录表

附表 1　销售数量记录表

小组：	东部				南部				北部				西部				e门店			
年度	Beryl	Crystal	Ruby	Sapphire	Beryl	Crystal	Ruby	Sapphire	Beryl	Crystal	Ruby	Sapphire	Beryl	Crystal	Ruby	Sapphire	Beryl	Crystal	Ruby	Sapphire
1																				
2																				
3																				
4																				
5																				

附录二

“金蝶 ERP 商业沙盘”评分标准

年份：________________ 小组：________________公司名：________________

1. ROA（资产回报率）= 息税前利润/总资产

2. 市值 = 当年总部的所有者权益合计 +（总投资）×ROA+ 当年专卖店利润合计 + 当年大卖场利润合计 + 当年代理商利润合计

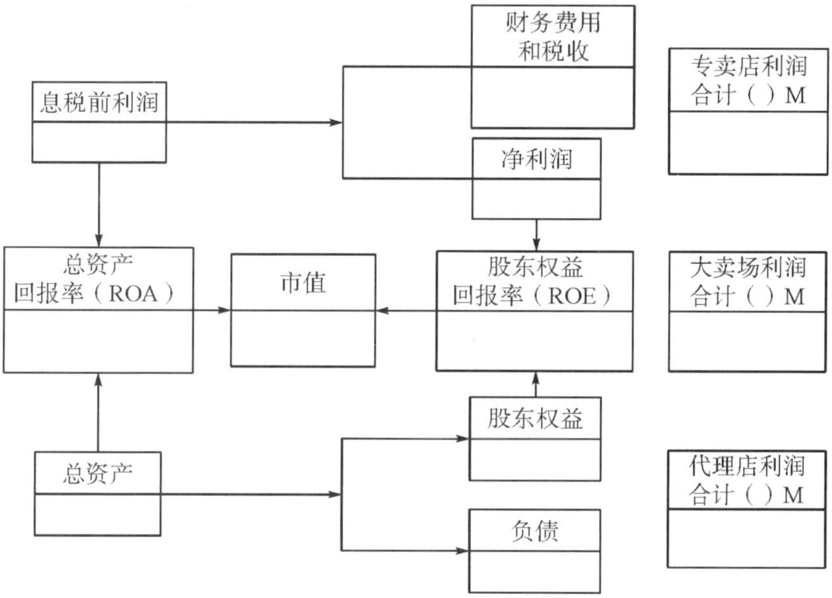

附图 1

总投资：

市场：分销开拓投资合计（ ）M，直销开拓投资合计（ ）M，合计：（ ）M。

店面：专卖店投资（ ）M，代理店投资（ ）M，大卖场投资（ ）M。

仓库：土地（ ）M 仓库现在价值（ ）M。

总投资 = 市场 + 店面 + 仓库